宁波风俗传说

滕占能 主编
余华达 副主编

光明日报出版社

图书在版编目（CIP）数据

宁波风俗传说 / 滕占能主编．－－北京：光明日报出版社，2019.3
 ISBN 978－7－5194－5113－4

Ⅰ.①宁… Ⅱ.①滕… Ⅲ.①风俗习惯—介绍—宁波 Ⅳ.①K892.455.3

中国版本图书馆 CIP 数据核字（2019）第 040548 号

宁波风俗传说
NINGBO FENGSU CHUANSHUO

主　　编：滕占能	副 主 编：余华达
责任编辑：曹美娜　黄　莺	责任校对：赵呜呜
封面设计：中联学林	责任印制：曹　净

出版发行：光明日报出版社
地　　址：北京市西城区永安路 106 号，100050
电　　话：010－67078251（咨询），63131930（邮购）
传　　真：010－67078227，67078255
网　　址：http://book.gmw.cn
E － mail：caomeina@gmw.cn
法律顾问：北京德恒律师事务所龚柳方律师

印　　刷：三河市华东印刷有限公司
装　　订：三河市华东印刷有限公司

本书如有破损、缺页、装订错误，请与本社联系调换，电话：010－67019571

开　　本：170mm×240mm	
字　　数：286 千字	印　张：17.5
版　　次：2019 年 4 月第 1 版	印　次：2019 年 4 月第 1 次印刷
书　　号：ISBN 978－7－5194－5113－4	
定　　价：65.00 元	

版权所有　　翻印必究

前　言

　　民俗是人民群众的风俗习惯，而风俗是社会上长期形成的风尚、礼节、习惯的总和。宁波风俗故事是宁波民间文学的一个重要组成部分。它以古朴纯真的艺术手段，反映宁波人民群众的现实生活、理想和追求，它中间的若干珍品是美的典范，反映不少童真的回忆，反映宁波人民爱祖国、爱家乡的实际可感的具体内容，反映宁波人民的欢乐、悲伤和生活的甘美及幽默。

　　宁波风俗传说是宁波人民长期锤炼和传承的文化传统，其中凝聚浙东人民的性格、精神和真善美，是宁波各县市区彼此认同的标志，是宁波同胞共同情感的纽带。内涵丰富的风俗传说故事也是对我国文化发展的贡献。急速变化的时代在淘洗着传统的民间文化，在当今时代，我们尤其有必要对我们的丰富醇厚、历史悠远的民间风俗故事立此存照，将其中的优秀部分及其真谛展示给广大民众，使他们对宁波大地优秀的文化传统和醇厚的民俗民风怀有更深刻的眷恋、热爱和崇敬。继承和发扬宁波人民创造的非常丰富而优秀的非物质文化遗产，是我们的幸事，也是我们的历史责任。

　　宁波风俗传说故事延续了千百年，它广泛地反映宁波人民的风尚、礼节、生活习惯。它的内容十分丰富，包括宁波人民时令节气、婚嫁、丧葬、寿诞、生产、建设、抗争、社会活动……俗话说："百里不同风，千里不同俗。"由于宁波人民的祖先极大部分是由北方黄河流域、淮河流域、长江流域迁徙过来的，他们带来的风俗习惯也千差万别。

为了推陈出新，反映社会真实，扩大人们视野，提高认识，增加乐趣，我们花了几年时间，对宁波地区的风俗传说进行调查、搜集、整理，并参考有关典籍，在广泛深入民间调查研究、采集整理的基础上，选编了这本《宁波风俗传说》，在多篇的民间风俗传说故事中反映人们的美好愿望、礼节和抗争。

本书着重编排时令节气的风俗传说故事内容，如正月里人们的各种活动，反映人们求平安、尊老、求福、求财的心理；三月重点选编了反映清明祭祖、插秧柳、吃麻糍等风俗，反映人们不忘先祖、孝敬老人的思想感情。《稻花会》纪念舍己救人的米行账房；《立夏称人》反映人们在异族残酷统治下，发挥智慧，求得平安的故事；《端午节》反映吃粽子是纪念屈原，划龙舟是纪念曹娥，以及辟邪的习俗。六月有狗、猫洗浴和赏荷的风俗故事；七夕夜有到芋芳田和葡萄棚下听声音的风俗；鬼节祭祀祖先插地香都有故事；中秋吃月饼也有说法。是谁在八月十六过中秋？年糕的故事原来发生在慈城？百果羹和邱隘馉是怎么回事？重阳节为什么要登高、插茱萸？书中以大量篇幅介绍宁波各地庙会和行会的情况，反映家乡人民抗争自然灾害和倭寇的英雄气概；书中也收录了宁波土特产的风俗故事、梁祝故事的由来、明州城天封塔的由来等，以飨读者。

民间风俗是历史的一面镜子。我们选编这本《宁波风俗传说》，以供民俗专家、民间文艺家和广大读者阅读和研究。

编　者

2018年7月

雪窦寺弥勒佛

喜鹊兆吉

鲤鱼跳龙门

蛇的信仰

双喜临门

红喜蛋

上梁挂红布的风俗

| 搡年糕 | 舞　龙 | 舞　狮 |

| 家庭吃年夜饭 | 清明扫墓 | 艾青团 |

| 宁波人端午节回娘家孝敬丈人丈母娘 | 端午节划龙舟比赛 | 中秋赏月 |

| 中秋月饼 | 为老人做重阳糕 | 冬至上坟祭祖 |

梁祝文化

象山祭海会

象山开渔节　　　　　　　　慈溪观海卫都神会

慈溪观海卫都神会

宁波花轿

婚庆证婚人

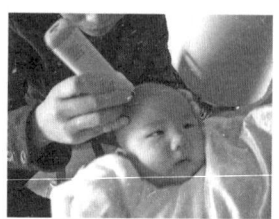
剃满月头

老人正在吃长寿面

做寿

荒山招魂

麒麟送子

过年杀猪

妈祖娘娘

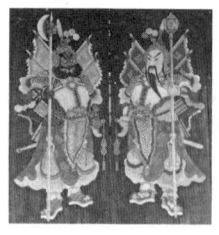
门神菩萨

宁波十里红妆

目 录
CONTENTS

婚嫁篇 1

早生贵子 3

麒麟送子 5

新娘子上轿为啥要哭？ 7

姑娘出嫁撑布伞 8

新娘穿红衣 9

江南女子出嫁坐花轿的传说 11

哥哥抱上轿 13

结婚分红蛋习俗 14

结婚贴"囍"字 16

结婚备火熜和垫麻袋 18

结婚要拜父子图 19

迎娶新娘习俗 21

十里红妆婚俗 23

载嫁妆风俗的来历 25

新娘子的马桶 26

嫁囡满路红 27

闹洞房 29

彩蝶双飞的传说 31

丧葬篇 35

"入土为安"的由来 37

三日守灵 ··· 39
"脚后灯"的由来 ··· 41
穿孝鞋的由来 ··· 42
灵牌的由来 ··· 44
丧家办豆腐羹饭的由来 ··· 46
送葬回来要跨火的由来 ··· 47
烧纸祭亡灵的由来 ·· 49
"寅葬卯发"的传说 ··· 51
做七的由来 ··· 53

寿诞篇 55
催生 ··· 57
满月酒的传说 ··· 58
抓周 ··· 59
做生日 ··· 60
祝寿的习俗 ··· 61
三个女婿吃寿桃 ··· 63
徐文长书对 ··· 65
寿堂妙对 ··· 67
庆生做九勿做十 ··· 68
六十六岁吃六十六块肉 ·· 70

传统节俗篇 73
恭贺新年的来历 ··· 75
新桃何时换旧符 ··· 77
分压岁钱习俗的由来 ··· 79
贴门神祭灶神 ··· 80
倒贴"福"字的习俗 ··· 82
百果羹 ··· 84
正月十四请厕姑 ··· 86

正月半，照五角	87
祭绣花娘子	89
寒食节禁火的由来	90
清明戴杨柳的来历	92
清明上坟为啥要吃麻糍	93
三月三走沙滩	94
立夏称人由来的传说	95
立夏吃君叠羹	96
立夏海蛳拄脚骨	98
端午挂菖蒲	99
端午节喝雄黄酒	101
端午节与曹娥救父投江	103
夏夜回家喊"安知县"	105
六月六狗洗浴	108
七月七独吃鸡	110
七夕夜到芋艿田里听悄悄话	111
七月卅夜插地香	113
朱元璋与"三勿来"	114
宁波中秋节的来历	117
八月十六过中秋	118
重阳节的来历	120
重阳糕的传说	122
谢年	123
年卅夜勿开半门	126
除夕"守岁"的来历	128

行会庙会篇 **131**

稻花会	133
高抬阁行会	135
蚕花会	137

镇北迎神赛会	139
前童元宵行会	141
它山庙会的由来	143
萧王庙庙会	145
石浦妈祖与台东如意省亲行会	147
象山开洋节与谢洋节	149
石浦三月三	151
龙山祭海行会	153
咸祥庙八月半渔棉会	155
城隍庙庙会	158
梁山伯庙会的来历	160
龙山大旗会的由来	162

民俗信仰篇 **165**

拜地藏王菩萨	167
拜灶跟菩萨	168
拜桥洞菩萨	170
拜十殿阎王	172
鲤鱼放生的由来	173
上梁贴对联的来历	175
栋梁披红抛馒头	176
船头要画大眼睛	178
柏吉兴笑	179
姑娘为啥穿耳环	182
请龙求雨的传说	183
舞龙的由来	185
喜鹊为喜鸟的由来	187
乌鸦叫凶的由来	189
药渣为何要倒在路上？	191
理发店为啥挂吕洞宾像	193

风物篇 · · · · · · 195

- 明州城与天封塔 · · · · · · 197
- 关帝庙的传说 · · · · · · 200
- 雪窦寺的来历 · · · · · · 201
- 龙山海庙的传说 · · · · · · 203
- 老江桥的来历 · · · · · · 205
- 孝子门楼来历 · · · · · · 207
- 龙头场石人山 · · · · · · 208
- 庙宇塑龙头的来历 · · · · · · 210
- 船眼睛的来历 · · · · · · 212
- 泥马 · · · · · · 213
- 戚继光造"海马" · · · · · · 215
- 蓑衣的传说 · · · · · · 216
- 临山紫花布 · · · · · · 217
- 布襕 · · · · · · 219
- 虎头鞋的由来 · · · · · · 221
- 鱼骨鸟 · · · · · · 223
- 宁波滑子 · · · · · · 224
- 泥鳗船 · · · · · · 225

特产篇 · · · · · · 227

- 奉化水蜜桃的由来 · · · · · · 229
- 杨梅的故事 · · · · · · 232
- 长街蛏子 · · · · · · 235
- 西店牡蛎 · · · · · · 237
- 慈城年糕 · · · · · · 238
- 灰汁团的传说 · · · · · · 239
- 邱隘馎 · · · · · · 241
- 龙凤金团 · · · · · · 243

梁山伯指点缸鸭狗 ················· 244
咸光饼 ························· 246
冰糖甲鱼的来历 ··················· 247
龙山黄泥螺 ······················ 248
象山龙头鳑 ······················ 250
海蜇皮的传说 ···················· 252
"鱼鲞"的来历 ··················· 254
三北盐炒豆 ······················ 256
象贝母的来历 ···················· 258
盐的传说 ························ 260
义狄造酒醉禹王 ··················· 262

后 记 ···························· 264

01

婚嫁篇

早生贵子

旧时结婚，新郎新娘送入洞房后，新郎挑开新娘的红头盖，都要吃红枣、花生、桂圆、荔枝四种果品。为什么要吃这些果品呢？因为这四种果品含有"早生贵子"四字谐音。

这种风俗在明朝的时候早有存在，谢阁老的母亲就曾吃过三次这四种果品，此话怎讲？

谢阁老的母亲是杭州人，她嫁到余姚泗门谢家。谢家是一户大人家，她结婚时就吃红枣、花生、桂圆、荔枝四种果品，婚后生下了谢迁。谢迁七岁时，谢父给儿子请了个饱学秀才当老师。老师严格要求谢迁认真读书、写字。

不幸发生在谢迁八岁那年，谢父突然得病去世，家境渐渐败落。谢母心惶不定，思想改嫁，苦恨没有机会。一天，谢母在楼上看下来，发现天井里有一个铜钿，叫身边的谢迁去拾来。谢迁下楼一看，见到地面上只有一个柿子蒂头，便没有拾，谢母定睛仔细一看，确实是一个铜钿呀，又叫谢迁去拾来。谢迁再次下楼一看，地上不是铜钿，是一个柿子蒂头，便没有拾。这下，谢母认为谢迁不会出山，便提出要改嫁。众人怎么劝，她也听不进，先生见天气晴好，便打个圆场，说："如果今天晚上不下雨，你就不要改嫁了；要是今天晚上下雨，你就改嫁吧！就让老天来帮你做个决定。"谢母答应了。

当天夜里天气突然变坏，下起雨来，谢母便改嫁了。这次，谢母嫁到了宁波一户姓杜的大户人家。她再婚时，也吃了红枣、花生、桂圆、荔枝四种果品，第二年生了儿子杜天官。杜父也请饱学秀才当老师。过了几年，杜父也得病去世，谢母认为这个儿子也没有出息，又一次改嫁到慈溪赵家，照例在结婚时吃了红枣、花生、桂圆、荔枝四种果品,第二年同样也生了个儿子赵文华。

后来,谢母生的三个儿子都做了大官。大儿子谢迁当上小皇帝的老师,成了文渊阁大学士;二儿子当上杜天官;小儿子赵文华当上工部尚书……

这就是"早生贵子早得福"的实例。

陈望林　口述

滕占能　搜集整理

麒麟送子

旧时，宁波人新房的床匾中间常常画有麒麟送子的图画：一个如冠玉盛的官家少年稳坐麒麟上面，前面有个旗牌掮着日月牌在领路，后边有个旗牌托着一顶官帽跟着。这头麒麟似小牛而独角，文如龙鳞，口吐玉尺。

这麒麟送子的典故出自《春秋》。孔夫子名丘，他的父亲叔梁纥是邹邑大夫，便是逼阳手托悬梁的勇士。他娶鲁国的施氏，只生女儿，没生儿子，娶妾生一子名孟皮，病足成废人，便求婚于颜氏。颜氏有五个女儿，都未婚嫁。颜氏想叔梁纥年纪较大，便问："你们谁愿意嫁给邹大夫？"众女没有回答，只有幼女征在开口回答："为女子的在家从父，父亲决定怎样就怎样，何必问呢？"颜氏便把征在许配给叔梁纥。

结婚后，夫妻仍旧没有生儿子，便同到尼山山谷去祷告，征在上山时，草木的叶子都下垂。当天夜里，征在梦见天帝召见，嘱咐她："你有圣子，若生产必须在空桑之中。"征在当晚便觉有孕。

有一天，征在恍惚如梦，见五位老人站在庭前，自称是"五星之精"，他狎一麒麟，向征在而伏，口吐玉尺，上有文字"水精之子，继衰而素王"。征在心知其异，以似系它的角而去。征在醒来把梦境告诉丈夫，叔梁纥说："这是麒麟送子的吉兆。"征在问："地名叫空桑的地方在哪儿？"叔梁纥道："南山有空窦，窦有石门而无水，俗名叫空桑。"征在说："我将在那里生产。"当天，两条苍龙从天而降，守护在山的左右。又有两个神女拿着香露在空中，给征在沐浴，过了许多时间才回去，征在才产出孔子。石门中忽然有清泉流出，自然温暖。孔子浴毕，泉水便干涸了。现在曲阜市南28里处有女陵山，就是古时候的空桑。孔子生有异相：牛唇虎掌，鸳肩龟脊，海口辅喉，顶门状如反宇。父讫道："这个儿子秉尼山之灵，便以丘为名，字仲尼。"

麒麟送子，送来一个大圣人孔子，所以后代当官的或是富贵人家便在新房的床匾上绘制麒麟送子的图画，以祷告吉祥。

张家挺　口述

滕占能　搜集整理

新娘子上轿为啥要哭？

古时候，浙东地区有个樵夫叫彭简。

有一天，彭简挑着柴担到街上去卖，一个看相的周公把他叫住了，说他因狸纹上升，三日后必死，叫他早早准备后事。彭简听说周公的神相很灵，心里害怕极了，便回家向娘哭诉。娘安慰他说："儿啊，你不必害怕，咱村里的桃花姑娘常常帮人解除劫难，你去求求她吧，或许有救。"于是，彭简找到了桃花姑娘，向她求救。桃花姑娘思考了一下便说："你在七日之内不要出门，躺在床上，口中含七粒米，脚后点一盏菜油灯，便没事了。"

过了十天，彭简又挑着柴担到街上去卖，周公看到大吃一惊。他卜课一算，知道是桃花姑娘破了他的法术，便设法害死桃花姑娘。他在桃花姑娘出嫁那天，召集五丧恶鬼在半路上拦轿想扼死桃花姑娘。桃花姑娘心血来潮，掐指一算了解了情况。便在结婚前一天，母女放声大哭，在花轿前挂上七盏长命灯，叫人一路上向花轿撒米。桃花姑娘上轿时号啕大哭，一路哭到夫家，哭声、长命灯、白米驱散了五丧恶鬼，桃花姑娘得以平安结婚。

彭简因桃花姑娘作法后，身体越来越好，后来改名为彭祖。传说他活了八百岁，是我国第一长寿之人。

张家挺　口述
滕占能　搜集整理

姑娘出嫁撑布伞

浙东女子出嫁要戴凤冠，披霞帔，坐花轿，排场是实在大，穷苦人家嫁女黄鼠狼看蒲样——吊煞死。

清朝时候，宁波有一个姓刘的知府，是个清官。他看到这里的女子出嫁实在太铺张，便想革除这个陋习。刚巧，他的女儿要出嫁了，就想出了一个好办法。

那天，刘知府请了当地的官员、乡绅到他府上吃酒。客人到齐，知府对大家说："本府有件疑难之事，向大家请教。"众人问："不知大人有何疑难之事啊？"刘知府说："就为我出嫁之女。"众人一听说："刘小姐出嫁，我们一定尽力帮助，把婚礼办得体面些，热热闹闹的，请大人吩咐。"刘知府苦笑着说："多谢各位好意，可惜小女没这个福分，昨天夜里我做了个梦，梦见观音大士对我讲，民间女子出嫁戴凤冠，披霞帔，坐花轿，吹吹打打，惊动天上仙女下凡来，乱了天庭，玉皇大帝和王母娘娘下令，谁家女子出嫁再这样热闹，就把新娘变成丑八怪。观音大士还说，我本想不管凡间之事，念你为官清正，你女生得端庄，实在舍不得，才托梦给我，要我嫁女时不要穿戴凤冠霞帔，让女儿撑顶伞，到夫家去就是了。"刘知府说完，众人个个点头称是，说："刘大人，还是依从菩萨的好。"

过了几天，刘知府女儿出嫁，不戴凤冠，不穿霞帔，不出花轿，只撑着一顶布伞，到夫家去了。穷苦百姓见了，一传二，二传四，大家嫁女儿纷纷效仿，都撑伞到夫家。从此就有了嫁女要撑伞的习俗。

选自《中国民间文学集成·宁波故事卷》

滕占能　搜集整理

新娘穿红衣

话说古时候，宁海县城里有一富家的女孩要嫁到乡下去。当时，县城到乡下的交通十分不便，要经过许多山岭。山上，树木茂密，生活着许多大虫。老百姓认为，如果新婚那天碰到大虫，这对夫妇以后的生活就不再幸福。

据说他家嫁出的橱、柜、箱、桶等，里面全被自家做的一捆捆家布、皂绸、衣服、一团团一条条丝线、买来的杭州锦缎、湖州丝绸、余姚花布，以及米、麦、豆、玉米、高粱、红豆、绿豆、芝麻、花生、杏、蚕豆、菜油、豆油、花生油、烧酒、老酒、红枣、桂圆、胡桃、花生、橘、姜糖、芝麻糖、花生糖、糯米粉糕等装得沉沉的，吃的、穿的、用的，无所不有，满满当当。这一场嫁因"满路红"至今仍在宁海西乡流传着。

当迎接新娘的队伍经过山岭时，忽然一只大虫从树丛里冲出，一下子吓坏了迎亲队伍。但大虫看到红色后，又马上逃回树丛里。新娘旁边的丫鬟把大虫的事情告诉了新娘，并说漏了一句话："今天好像运气不好。"丫鬟的一句话似乎触动了新娘某一根神经，新娘觉得越来越不对劲。到达夫家后，新娘还是想着路上碰到大虫的事情。

新婚那天晚上，没有发生什么不愉快的事情。第二天，新娘准备行下辈之礼时，不小心滑倒在地上，红色的新衣服涂了一身泥土，样子很难看。于是，新娘就到新房换了件淡白色的衣服出来。当时，各位嘉宾大吃一惊，都认为不好的东西要降临到这对新婚夫妇身上。

果然，说不出的怪事偏偏就落到这对夫妇身上。不久，丈夫病了。当然，孩子也迟迟没有出生。这样一来，新娘就不能回县城看自己的父母。新娘是个识字的人，她不大相信，以上的怪事与新婚三天内不穿红衣服有啥关系。婆婆叫她到庙里占卜一下，她认为婆婆是多此一举。

又过了很长时间，在县城的新娘父母老是觉得奇怪：这么长时间里，为什么自己的女儿不回娘家看一看自己呢？是不是有什么原因呢？一打听，两老才知道是怎么回事。于是，城里父母马上派人到乡下，接回了女儿。第二天一早，母亲带着女儿到城隍庙烧香，请求城隍老爷保佑，并按城隍老爷的旨意解了女儿的疙瘩。

新娘到夫家后不久，丈夫的病好了。又不久，新娘怀上了孩子。

此后，这个新娘在新婚三天内不穿红色衣服所遇到的怪事逐渐传开。大家都约定：新娘在新婚三天内，必须要穿红色衣服。这样的风俗就一代一代地传承下来。

选自《中国民间故事丛书·宁波宁海卷》

滕占能　搜集整理

<<< 婚嫁篇

江南女子出嫁坐花轿的传说

花轿是老早辰光用来抬新娘子的交通工具。老早，交通不发达，有钱人骑马坐轿，无钱人双脚步行，坐轿也分三等九级，但江南一带新娘出嫁，除了吹吹打打、鼓瑟齐鸣、鞭炮震天外，还可以坐花轿，穿戴以往只有诰命夫人才可以享用的凤冠霞帔。为什么能享用这样特殊待遇呢？事情还要从南宋皇帝赵构讲起。

南宋皇帝赵构有一次被金兵追得晕头转向，交关危急，身边一无护兵二无谋臣三无刀剑，眼看要成瓮中之鳖，追兵呼喊"活捉赵构"的声音不绝于耳。其求生心切，仍拼着老命逃，也是其命不该绝，逃到江南水乡一个晒谷场边，看见一个小娘在晒谷，横边（旁边）放着缝补的衣服，赵构这辰光也顾不得自家身份，朝这个小娘深深一躬，要求小娘救其一命，这小娘相当灵光，面对介危险的情况也不怕，对赵构讲："快眼来！"接着就提起一只晒谷竹箩，交关心急地讲："快眼蹲落！"一功夫就把赵构罩在箩筐下，其就顺势住箩筐上一坐，笃定地切（纳）着鞋底。

金兵摇旗呐喊追过来，发现逃走的赵构一下子没了踪影，将要到手的肥肉丢了，岂非可惜？便在晒谷场四周找，有个手提大刀、满面胡楂、瞪着铜铃双眼的人走到小娘面前，喊声："讲，刚才那个逃犯看见没有？"小娘抬起头，脸孔颜色一眼也勿变，点了一下头说："看见了！"对方的刀尖对着小娘，威胁道："讲，其逃到啥地方去了？侬勿讲给我听，就先杀掉侬！"小娘手指头点着大路回答道："其往那边奔过去了！"金兵信以为真，喊声："追！"十多名兵卒手提刀枪，饿狼似的朝大路扑去。金兵一走，赵构就从箩筐底下爬出来后，向姑娘深深一鞠躬："如有清平之日，不忘救命之恩！"两人约好：来年派人接小娘入宫，来接时以晾衣竿扯起围身布裥为暗号。

赵构死里逃生，到了临安做起了皇帝。金兵退去后，其就派人四处寻找那位救命恩人。但两人所约的暗号别人家也都已晓得了，再无办法寻着这个小娘。原来一听说好去皇宫里头做妃子，当地姑娘全都扯起了围身布裥，赵构派来的迎亲钦差就弄勿清了。

从此之后，赵构心里交关勿开心，就下了一道圣旨："凡江南一带女子出嫁，都可乘坐龙凤花轿，穿戴凤冠霞帔；如果官员迎面遇见，文官下轿，武官下马。"并手提毛笔写下"风调雨顺，国泰民安"八个大字送到江南各州府郡县。

从此，江南姑娘出嫁穿戴凤冠霞帔便成为风俗流传下来。

沈美锦　洪华冠　搜集
余华达　整理

哥哥抱上轿

过去，阿拉宁波这里姑娘出嫁，都由阿哥抱上轿。花轿抬到夫家，新娘出轿放炮仗。这风俗是怎样来的呢？

从前，有一户打猎的人家，因出嫁时，做勿起新衣新鞋，只得向别人家去借，新娘的阿哥恐怕借来的新鞋要弄脏，就把阿妹抱上轿子。谁会料到，花轿到夫家，新娘出轿时，竟会出现两个一模一样的新娘，都讲自己是真的，弄得新郎官目瞪口呆。有人讲，两个新娘总有一个是假的，快把轿子抬到县衙前，请知县老爷审辨。

轿子抬到县衙门，知县三问六审也分勿清真假。这辰光，新娘子的阿哥刚刚打猎回家，得知此事，来不及放下猎枪，急匆匆赶到县衙门，对知县老爷讲："阿妹上轿时，由我抱上轿的，只要看看各人的鞋底就明白。"众人说着就去看两个新娘的鞋底，事情已明明白白，阿哥拉着鞋底清清爽爽的阿妹说另一个是假的。另一个呢？还强讲自己是真的。阿哥听了火冒三丈，举起猎枪当堂"砰"的一枪，假新娘霎时现出原形，原来是一只狐狸精，夹着尾巴向外逃去了。

知县老爷为了防止往后再有妖精冒充新娘子的事发生，就定了一个规矩：凡新娘上轿都要阿哥抱上轿，阿哥要护在轿前送一阵，这叫"押轿"。新娘出轿时，还得连放几声铳或炮仗。

从此以后，姑娘出嫁由哥哥抱上轿、押轿出，出轿放炮仗就成了风俗。

农民陈望林　口述
滕占能　搜集整理

结婚分红蛋习俗

宁波地区新娘新郎喜结良缘,男女双方家庭都要用红色颜料在鸡蛋外壳涂抹,把鸡蛋染成大红色,表达喜庆,常用于结婚、生育、"满月"、给老人祝寿以及其它各种喜庆场合,以示庆贺并图吉祥。宁波地区认为红蛋习俗是卵生神话的产物。先民在幻想中寻溯天地的开辟,众神的诞生,人类起源时,每每归之于"卵"的功劳,凡此,都透露出红蛋习俗为祖先"鸡"图腾观念遗存的历史信息。

蛋能孵鸡,故人食之便能生子,封建时代的多子多福论在宁波流行。

结婚时流行分红蛋的习俗传说很多,流行最广的是:三国时期"刘备招亲"的故事。东吴都督周瑜想用假写请帖,假招亲,真扣留的种种诡策,欺骗刘备来东吴招亲,实想抓住刘备做人质,要索还"荆州"。诸葛亮神机妙算,识破了周瑜都督的阴谋之计,并与刘公商量,这样那样按计划行事,命超勇大将赵云带上十马车染成红色的鸡蛋,浩浩荡荡一路奔向东吴城池,凡经过的城乡村集,过路人群都能分到红蛋,护送公主刘备去江东成亲,逢人奉送红蛋,道是刘皇叔要与东吴公主孙尚香结婚,吃了红蛋,同喜周庆,还可以让吴国太明年抱上小外孙,东吴本无此风俗,吃红蛋可早生贵子,人们备感新鲜事儿,一传十,十传百,凡是分红蛋路过的地方,传得沸沸扬扬,家喻户晓,千里之内的人们都知道孙刘联姻的消息。此讯很快传到深宫,一直传到吴国太的耳朵里,吴国太大喜,命孙权立即为刘备和女儿孙尚香举办婚事,作为儿子孙权无奈反抗母命,以孝为大,只能假戏真做,马上布置婚场,张灯结彩,大摆酒筵,于是历史上有了周瑜"赔了夫人又折兵"的结局。从此以后,长江以南开始流行结婚分红蛋的民间风俗。凡新人结婚时,把大红鸡蛋放在"生子桶""新马桶"中,意为大喜大庆，早生儿女，百年和合。

另一种说法是民间认为"鸡"为百禽之长，具有镇伏妖魅作用。鸡为积阳，南方之象，火阳精物炎上，故阳出鸡鸣等等，因此从一千多年前的三国两晋时期直到新时代的今天婚庆，分红蛋的民俗传承到今。

余森岳　口述
余华达　搜集整理

结婚贴"囍"字

如今，在浙东大地上，家有婚嫁喜庆时，总喜欢在门窗上、房间内、嫁妆上贴个大红"囍"字，并且也渐渐成为布置婚礼的标志。不过，为什么结婚时要贴"囍"字呢？

"囍"，俗称双喜，有喜庆双重的意思。大多用于婚嫁等喜庆场合，一般用红纸或是金箔剪制，也有人写在红纸上再贴于门窗厅堂上。这种办喜事贴双喜字的习俗，据说源于宋朝宰相、大文学家王安石。

相传王安石年轻时赴京赶考，途中到马家镇他舅舅家住宿。一天，饭后到镇上散步，偶见马员外家门上贴了一副对联的上联："走马灯，灯马走，灯熄马停步。"原来，这是马员外的独生女为自己挑选夫婿所出的上联，已经挂了半年，至今没有人能够对出下联来。王安石因为要赶考，也无暇思索下联，所以未予理会。

到了应考日，王安石在考场上态度从容，答题时一挥而就。主考官见其年轻意气风发，对其印象深刻并非常赏识他，后来主考官传其面试。王安石对于主考官的提问，他都能胸有成竹，对答如流。最后主考官手指厅前的飞虎旗说："飞虎旗，虎旗飞，旗卷虎藏身。"王安石知道这是要他对出下联，他忽然想起马员外家门前的上联，便不假思索地答道："走马灯，灯马走，灯熄马停步。"主考官惊叹不已，频频点头。

考完后，王安石回马家镇并来到马员外家，就以主考官的"飞虎旗"为下联，对马小姐的上联"走马灯"。王安石对的下联让马小姐十分满意，于是马员外非常开心地将女儿嫁给他。

到了成亲大喜的当日，忽然两个报子来报喜，是报王安石金榜题名的好消息。王安石真是春风得意，不但高中进士，还娶了才貌双全的千金为妻，可说是双喜临门。因此，王安石便一连写了两个大红喜字，还把两个喜字并贴在大门上，并高兴地吟道："巧对联成双喜歌，马灯飞虎结丝罗。"

这件事在浙东民间流传开来。从此以后，人们习惯于结婚办喜事时贴红双喜字，不仅在门上、墙上贴大红"囍"字，被褥枕头上也绣"囍"字，祈求事事吉祥如意。而这个风俗就一直流传至今，也成了浙东大地上特有的民间习俗。

刘品尧　口述

滕占能　搜集整理

结婚备火熜和垫麻袋

在旧时宁波，结婚时，女方一般都要备火熜，新娘落轿路上铺着麻袋。发展到现代，新娘上轿、上轿车前，女方的男子亲戚都要在新娘火熜里点火吸香烟，麻袋改为长长的红地毯，以讨吉利。

这结婚时备火熜和垫麻袋的风俗是怎么来的呢？原来这个风俗来历已久。

在原始社会，人类茹毛饮血，吃生食，不会用火。后来在树林发生大火，先民从食用烧死的兽类的过程中发现用火烧过的肉类味道更好，而且对身体强壮更有益，便千方百计保留火种。那时便出现燧人氏钻木取火，山洞中总是留着火种，用以烧食物、取暖和预防野兽。

后来慢慢发展到用火石、火绒打火。但始终觉得不便，便家家设置火缸，保留火种，用梅头纸转纸筒吹火。没有火，人类就不能生存。所以，人们特别注意保存火种。

据说，结婚备火熜和垫麻袋也是桃花女创造出来的。她为了破周公的法术，用火熜在自己的灶膛里备了火，坐了轿子带到夫家去，不让火熄灭。她要求夫家在新娘到堂前下轿后，用五只麻袋铺地，让新娘踏着麻袋走进堂前，这样可以健康长寿，活到五代见面。同时，她用在轿前挂长命灯，用哭声和撒米驱散恶鬼，终于破了周公的法术，获得无灾无难、长命百岁的胜利。

保存火种能使子孙繁衍兴旺，所以人们纷纷用香烟点火熜的保留火种的办法，祈求子孙满堂。如今装米的麻袋没有了，人们就用红地毯代替麻袋以讨彩头，以求洪福满天、鸿运高照之意。

陈望林　口述
滕占能　搜集整理

结婚要拜父子图

从前,宁波东乡结婚人家都挂着一幅父子图。新郎新娘一拜天地,二拜中堂,这二拜就是父子图,为啥要拜父子图呢?这还有个传说。

从前,灵岩山下有一户姓詹的人家,生个儿子取名阿虎,两老辛辛苦苦把阿虎养大,高高兴兴娶了个媳妇,没想到这媳妇凶狠、懒惰加嘴馋,把公婆当佣人使,一点也不孝顺,开口就骂。阿虎为人老实,怕老婆。

儿子勿孝顺,媳妇介凶,气得两老难做人。一天,老太婆生病了,老头子到山里采草药,岭路旁边,老头拾到一个包袱,打开一看,里面全是银子。老头想:"丢失银子的人一定很着急,定会回来寻找。我就在这里等着。"他一直等到中午,见一个读书相公匆匆赶来,问詹老头:"大伯,我上京赶考,勿小心遗失一个包袱,里面有银子,你看到过吗?"老头问清了银子的数量,将包袱还给赶考相公。相公谢他银两,老头坚决不收。

詹老头回到家里,把拾到银子还人的事情告诉老婆,谁知被媳妇听到前半句,便假献殷勤请公婆吃饭,催公公把拾到的银子拿出来。公公说:"银子早还给失主了。"媳妇一听气得两脚直跳,一把夺过公公的饭碗,开口就骂:"你这个老不死,到手的银子会飞走,还要我老娘来养侬一世,痴心妄想吧!"她一边骂,一边将两老推出门外。

两老没办法,只好眼泪汪汪去讨饭。他俩讨到西乡李家,在一家席草间过夜。这户人家姓李,是一对年轻夫妻,他们听到响声外面一看,见是两位老人,就问他们为什么到这里。两老想家丑不可外扬,便说自己有个儿子,得病死了,两人无依无靠,只得出来讨饭。小夫妻非常同情,请二老吃饭宿夜。第二天一早,小夫妻俩说:"大伯大妈,我们的父母都过世了,很想有老年人管管屋里,如果你们肯留下,我们就继拜你们为阿爹、阿娘。"两老一口答应。

两老管家,小夫妻编草席、卖草席,生活逐渐富裕起来。一天,阿虎到街上买席子,听人讲:"买席要买李家席,做人要学李家杨,请进讨饭当爹娘,生活越过越舒畅。"阿虎回到家对老婆讲了这件事。老婆气得双脚跳,说:"哼,天下没有介好人,一定是死老头拾到银子藏在外头。去,去领回二老,要回银子。"阿虎与老婆急匆匆寻到李家,被老头骂出门外。阿虎老婆心勿死,一张状纸告到县衙内,说李家夫妻骗詹家财产,强留他们的爹娘。

这县官刚刚上任,接到状纸,立即传来李家夫妻。两夫妻对县官详细讲了收留两老的经过。县官又传来两个老人当堂对证,詹老头讲了拾银子,还银子,被儿子、媳妇赶出家门讨饭,后被李家夫妻收留的过程。县官一听,心中一惊。他仔细一看,连忙搀扶起詹老头,说:"恩公在上,受小官一礼。"弄得众人莫名其妙。原来这个县官就是上京赶考遗失银子的书生。

这时候,阿虎两夫妻眼泪鼻涕,向县官、两老和李家夫妻叩头求饶。这时,詹老头心里也软了下来,县官见阿虎两人有悔改之意,又念阿虎是恩人詹老头的亲生骨肉,就从轻处罚,各责阿虎夫妻四十大板,再责其行善修路。

结案后,县官请两老上座,李家夫妇立在两旁,阿虎两夫妻跪在地上。当场责打四十大板后,名随从取来笔墨纸砚,在堂上画了一幅父子图。县官把父子图送给恩公。詹老头为了防止下代不孝,立下族规:"凡结婚都要参拜这幅父子图。"四乡八邻也纷纷效仿,这个风俗就一直流传下来,传遍宁波东乡。

选自乐炳成主编《宁波老话故事》
滕占能　搜集整理

迎娶新娘习俗

自宋朝开始新娘子坐花轿出嫁，也有用船迎亲的，均以地域条件和经济实力而定，发展到现在则多用轿车接新娘了。

结婚，土话叫"好日"，或"抬老婆"，这是人生一大幸事，也称"小登科"。这是很闹猛的，旧时"好日"一般要三天排场，婚前一天，三种人先来：主人家总管、地保、叫花子头头，这三个人早上就到了。

总管是总理一切婚前婚后事务的人，如客人送礼要登记入册，以便以后还礼，接送客人以及住宿安排、酒宴桌次排列，派轿子及傧相人选，晚上照明安排等等事务，均由总管处理。还有就是地保，他是以管理地方安全为主，办喜事人多手杂，万一有什么意外事情，就由地保处理。再一个是叫花子头头，办喜事宾客众多，如果许多叫花子站在门口讨饭，那就太不雅观，有叫花子头头在，其他叫花子就不会来闹了。如果赏钱多，叫花子还会为大家唱《出嫁歌》。

一般亲戚，头天正午都来了，晚饭称"杀猪夜饭"。猪和羊下午已经杀好，用木架子整只挂在上面，放在堂檐里，因为五更时要派用场，叫"五更相喜"。过了晚十二点，就是"好日"的正日子了，按新郎的生辰八字推算时间，相喜主要是新郎叩菩萨，以示恭敬，时间一般在十二点后至早晨四点这段时间内，相喜供品以全猪全羊为主，再则是其他供物。相喜后，猪羊就拿去作办酒食品，总管则要选定吉时良辰，派花轿去新娘家迎娶新娘。

拜堂：男方派出花轿去迎娶新娘，轿到新娘家，亲家家里便以酒菜招待抬轿人，一边打扮新娘子。这天新娘子不起床睡在床上，要到轿子到了才起来然后梳妆打扮，吃好上轿饭，有哥哥的由哥哥抱上轿，没哥哥的由弟弟领上轿。新娘上轿时，母亲还要哭几声，以表示不舍得女儿出嫁。女方亲戚挚友应随轿送到桥边，轿子放下，女方派一人从轿子内放火种（表示烘烘相，会发）点燃一支香或香烟，轿子才起身抬往男家，女方送客拿香或香烟表示香火接回来。

　　轿到男方门口，放炮仗以表欢迎，然后由伴娘引新娘下轿，但下来前路上要铺好袋皮（麻袋，条件好的要求隆重的也有铺红毡的），新娘子从袋皮上一直走到拜堂地方，表示"代代相传"。新娘子边走边有人丢彩纸、喜糖等，时展到，由司仪宣布拜堂开始。这时鼓乐齐鸣，司仪按议程进行，先由一个小孩（约十三四岁）读祝文，祝文内容大致包括一些简单情况介绍以及祝语，读毕交拜天地父母，拜好后送入洞房。新郎、新娘在洞房中喝了交杯酒，然后出来招待客人。这时客人已在喝酒，新娘、新郎向每桌宾客敬酒，应从长辈开始，再贵宾依次相敬，到同辈或小辈的桌上，有喜玩的人，还会讲些笑话，捉弄一下新娘以表示亲热友好。

　　饭后，新娘子还得向长辈、贵宾敬茶，一般是桂圆茶，新娘子由伴娘陪同，一边敬茶，伴娘一边为她介绍这个或那个是男方家的谁谁，应怎么称呼。如舅母，新娘子就叫"舅妈喝茶"，舅母边接茶，一边还得将原先准备好的红包放在茶盘上，作为见面礼。这样将所有长辈、贵宾敬完，才算结束。

余华达　搜集整理

十里红妆婚俗

十里红妆婚俗是宁海及浙东地区特有的传统婚妆民俗。当地嫁女的嫁妆，大到床铺家具，小到针头线脑，一应俱全。迎嫁妆队伍浩浩荡荡，绵延十里，十分气派。十里红妆规模声势之大，数量之多，门类之齐全，制作工艺之精湛，艺术价值之高，耗费之昂贵，均为全国罕见。

古老的传说是宁海十里红妆婚俗形成的基础。在宁海流传着一则家喻户晓的古老传说：康王赵构被金兵追到宁波西乡，一个农家姑娘在晒场上用箩筐把康王罩起来，金兵被骗了过去，康王被救后，就向姑娘说明了真实身份，并承诺政权稳定了，请姑娘去皇宫，报答救命之恩，并相约以肚兜为凭证。第二年，康王来寻恩人，结果村子里有姑娘家的人家，每户门口都挂起了肚兜，皇帝和使者无法判断哪家姑娘是真正的救命恩人，也无法实现承诺，只好下了道圣旨："浙东女子尽封王"，出嫁时可享受公主的待遇，凤冠霞帔，嫁妆可以雕龙刻凤。从此，浙东婚俗享受公主结婚待遇的合法地位，享受半付銮驾，凤冠霞帔，嫁妆雕龙刻凤，并日臻奢华。

十里红妆主要包括婚嫁仪式中的"迎嫁妆"习俗和红妆器物的制作工艺传承两部分。

"有钱人家嫁女儿，普通人家送女儿，无钱人家卖女儿。"一般人家为不落下卖女儿的名声，不惜财力准备嫁妆。准备嫁妆是一个复杂的过程，做嫁妆要选黄道吉日，动用木作、雕作、漆作、桶作、制衣作等百作手工。一般人家要有婚床、红衣柜、红板箱、红衣架、房前桌、大脚桶、红祭盘、红马桶（也叫子孙桶）。

婚礼当日，迎嫁妆和接新娘队伍到达新娘家，午后迎嫁妆队伍同接新娘伴姑一道，返回新郎家。发嫁妆时，由马桶小兄开道，花轿居中，抬的抬、挑的挑，大件家具两人抬，成套红脚桶分两头一人挑，提桶、果桶等小木器及瓷瓶、垾罐等小件东西盛放在红板箱内两人抬。一担担、一杠杠都朱漆髹金，流光溢彩。蜿蜒数里的红妆队伍经常从女家一直延伸到夫家，浩浩荡荡，仿佛是一条披着红袍的金龙，洋溢着吉祥喜庆，炫耀家产的富足。

  结婚是大事，需要造声势、摆排场、显家威、比族门。大户人家的红妆队伍，延绵数里，嫁妆中不仅从针头线脑到雕龙刻凤和描龙画凤的箱、柜、桌、椅、桶、盆以及铜锡器具样样齐全，还箱箱满、桶桶满。马桶里也要放一双红鸡蛋，祈求生育，而且生男孩。

  红妆队伍，鼓乐齐鸣，爆竹震天，一路上炫耀着喜庆，炫耀着奢华。新娘是嫁妆队伍的主人，花轿前后一路上披红戴绿，让经历过的人一生都难以忘怀。

  花轿是十里红妆中最重要的器物，花轿是新娘地位的一种直接体现，代表着明媒正娶。十里红妆嫁妆除了床上用品、衣裤鞋履、首饰、被褥以及女红用品等细软物件在亲迎时随花轿发送外，其余的红奁大至床铺，小至线板、纺锤，在婚期前一天，送往男家。

  "千工床、万工轿、十里红嫁妆"是家喻户晓的民俗现象，又是江南手工技艺的集中体现。十里红妆中的器物类主要由天然矿物朱砂和黄金为主的材质装饰，集中了雕刻、堆塑、描金、勾漆、填彩等工艺手段，也包含了小木作、雕作、漆作、桶作、竹作、铜作、锡作等民间匠作。绚丽华美的朱金色彩，形成了它独特的艺术风格和装饰特色。

  十里红妆婚俗，在江南现代经济发达的地区已经不复存了，但在20世纪80年代的浙江东部的海边宁海山区依然十分盛行，在秋冬季节的黄道吉日时，随路可见抬嫁妆浩浩荡荡的队伍。21世纪后的今天，宁海乡村依然村村都有出租扛箱的专业户，也有出租结婚花轿的经营者，尽管子孙桶已由现现代工艺制作，但依然是早年马桶的造型和装饰图案，红棉被、红祭盘、红板箱、红大柜、红鸡蛋、红枕头、火炉、油灯等嫁妆仍是现在嫁妆必备的物品，这样的婚俗也是不可多得的遗存。

选自陈可伟主编《甬上风情》
余华达　搜集

载嫁妆风俗的来历

中华人民共和国成立之初,慈溪三北水乡人家结婚,男方到女方家搬运嫁妆都用舢板船装载。少则一二船,多则四五船,嫁妆排列在前后舱和中舱的做台板上,让沿河的人们观赏,显出一派富丽堂皇的景象,引得交口称赞。

据说,三北地区这个风俗来自方家河头。明朝永乐年间,任家溪太公的女儿嫁给方家河头太公的儿子。十里红妆用扛箱抬,样样都嫁到。结婚酒席间,任氏有人说:"现在我们样样嫁到,你们要对任大小姐好些。"方氏族人接着说:"虽然样样嫁到,但水是总要吃我们方家的。"这句话气得任太公眼发直,他出钱买好地基,挖了一口井,取名任井。而方氏人说:"水总还是方家的。"村民都叫它"方井"。于是,两族矛盾开始激化,从此任、方不再结亲。

任、方两族不结亲后,方家河头太公宣布与范家陈叶、戎厉柴裘、沈家、观海卫和鸣鹤场等地的人家结婚。因为这些村庄河道密布,水路相通,方家太公提出:"改扛箱、箩担运送嫁妆习俗,一律用舢板船载,以便于让过路村子人们观赏嫁妆的富丽堂皇,把喜气带给他们。"从这以后,三北一带纷纷看样,都改用舢板船来载嫁妆了。载嫁妆的日期也就固定在婚前的一天。

近年来,公路四通八达,拖拉机、农用汽车代替了农船,舢板船淘汰了,人们结婚改用汽车载嫁妆了。这样既便于布置婚房,又无形中改革了用船载嫁妆的习俗。

任永江 口述

滕占能 搜集整理

新娘子的马桶

咱宁波新娘子的马桶为啥先要让小孩撒了尿才能用呢？有这样一个传说。

早年，有个懒汉日思夜想，挽亲托眷向一个姑娘去做媒，却没成功。有日，这姑娘嫁到邻村去了，懒汉蔫头耷脑坐在路边草滩上，感到非常苦闷。这辰光，吹吹打打的花轿队伍过来了。抬嫁妆的人把嫁妆放在路边，讲讲笑笑吃着糕点糖果。懒汉实在气不过，想了个报复的主意：他从草堆里抲来一条小蛇，偷偷放在新娘子的马桶里。

新郎家里，闹新娘，一直闹到三更以后才把新郎新娘送进洞房。吃好"商量果"，新郎上床睡觉。新娘有大半天没小便了，就揭开马桶盖坐上去。马桶里那条小蛇闷得昏头昏脑，突然，从头上洒下来的热烘烘的尿，吃了一惊，想蹿出马桶，勿防马桶口已被新娘屁股盖着。一蹿两蹿，蹿进新娘肚里，新娘大叫一声，昏倒在地。新郎急忙起来，见新娘下身流血不止，一会儿死去了。

丈人丈母一口咬定是女婿谋杀他家女儿。亲家双双到县堂告状。县官老爷看看新郎生相忠厚，不像杀人犯。经剖腹验尸，发觉新娘子肚皮里有条小蛇，才知道原因出在马桶里。

从此以后，凡是新娘子的马桶，都要让不会走路的小男孩撒了尿，新娘子才能用。

余华达　搜集整理

嫁囡满路红

传说宁海前童梁皇山，有个姓童的财主造了四间楼屋，屋前有个大道地，用料十分讲究，做工十分精细，其中的"花道地"至今还在老人们的嘴上记挂着。一般人家道地都用四股耙到梁皇山中耙来小石子铺地，童财主家挑小石子更是逐只挑选，方法之烦琐，验收之严格，简直使人难以相信。铺一个道地，要求这么高，他家的嫁场面就更不用说了。

几年后，童财主家嫁女，排场大了，要求"满路红"，就是从他家到女婿家的一路上全是红辣辣的嫁妆。用红朱漆成的衣橱、橱顶箱、橱前凳、红板箱、高低脚桶、马桶、大小浴桶、大小果子桶、大小软硬环桶、大小偏粉桶、大小树木桶、大小纳粉桶、靠背椅、小板凳、圆纳头、描金梳妆台、开门箱、矮橱、折叠的椅子、与红朱一样形式的花桌、账桌、大小靠背椅、小矮凳、桶、钵、盂、银灰色的铁饼、铁壶、铁叉，黄铜色的铜叉、铜茶壶、铜勺、铜瓢、铜火罐、铜火叉，青花瓷瓶瓷碗、瓷杯、瓷花瓶，黄白色的笑脸壶、瓷碗、瓷盆、瓷钵、瓷盂、瓷碟、瓷勺、瓷瓢，酱红色的龙凤大小花罐、粉罐，什锦花枕头、单面账、双门帐、花袄、花鞋、拦腰、手帕、围巾、青花被、红绸被等等，堆堆叠叠，琳琅满目。

从开始筹备各类嫁妆起，童财主请了乡里乡外有名的箍桶匠、木匠、裁缝、铜匠等做了半年之久，单说写红双喜就请来三个秀才写了整整一天，可能有几千张。发嫁时"四桌八"多通来回不歇气。宁海一带的结婚日子一般均在当年的八月到次年的正月这个时间段，而这时段恰恰是天气寒冷之时，但在发嫁资时个个汗流浃背。人家发嫁资,歇歇坐坐,说说笑笑,轻松得很,他家为什么这么辛苦?据说他家嫁出的橱、柜、箱、桶等里面装得沉沉的,吃的、穿的、用的,无所不有,满满当当。

这一场嫁囡"满路红"至今仍在宁海西乡流传着。

选自《中国民间故事丛书·宁波宁海卷》
滕占能　搜集整理

闹洞房

老宁波人习惯地把新人完婚的新房称作"洞房"。新娘子进入洞房后,不论男女长幼都可以进房"看新媳妇",有"新婚三日无大小"的俗语,与新娘子说、笑、逗、闹,荤的、素的一齐上,有意使原本羞羞答答的黄花闺女变成大大方方的泼辣女人。如众人让新人做各种亲密的、隐讳的但是指向性很明确的动作,表达一种暧昧的性教育,以此把新娘子和新官人的陌生感、羞涩感打消。

闹洞房,在老宁波民间的说法是能"驱邪避灾",这里还有一个传说呢!

相传,很早以前,有一天紫微星下凡,路上遇到一个披麻戴孝的女子,尾随在一伙迎亲队伍的后面,紫微星看出这是魔鬼在伺机作恶,于是就跟踪到新官人家。紫微星发现,主家在进行拜堂仪式时,那个披麻戴孝的女子已经进了洞房。当新官人、新娘子要进入洞房时,紫微星守着门不让进,说里面藏着魔鬼。众人请他指点除魔办法,他建议道:"魔鬼最怕人多,人多势众,魔鬼就不敢行凶作恶了。"于是,新官人请客人们在洞房里嬉戏说笑,用笑声驱赶邪鬼。果然,到了五更时分,魔鬼见不能施恶,就逃走了。这个说法有祈愿顺利吉祥的念想,久而久之就成了习俗。

以前的人比较保守,很多新婚夫妇结婚前偷偷看一眼就会脸红,有的就是"媒妁之言"订了终身的,两个从来没见过面的人,晚上却要肌肤相亲,这是非常尴尬的。因此,新娘子结婚前一天,母亲会和女儿说些私房话,做一点突击教育。

在此之前,咱宁波人娘家给女儿的陪嫁物品中也有性教育的专门的工具,世俗称"压箱底"。压箱底,一般人家多是瓷杯瓷碟,大户人家也有用象牙雕成画图,示意新娘子对新婚之夜有个心理准备。而闹洞房,就是另一种形式上的性教育。

余华达　搜集整理

彩蝶双飞的传说

古时候,有一个姑娘叫祝英台,她生得聪明又美丽,不但会绣花剪凤,还喜欢写字读书。她长到十五六岁了,就一心想到外地的学馆里去读书。可是,那时候是不让女孩子外出读书的,怎么办呢?英台和丫鬟商量出一个好主意:假扮成男孩子的模样去求学。于是祝英台打扮成一个公子模样,丫鬟打扮成书童。祝英台的父亲正在厅堂里喝茶,忽然看见一个书童领着一位公子进来向他行礼,他慌忙起身让座,还询问公子的姓名。祝英台一看连父亲也瞒过了,别提有多高兴了。她于是卸装露出真相,使父亲非常惊讶。祝英台趁机向父亲说了要外出求学的想法。父亲说:"自古以来哪有女子外出求学的?即使是假扮成男的,在外生活也有许多不方便。"可是祝英台坚决要去,父亲拗不过她,只好同意了。

祝英台假扮成男子,丫鬟扮成书童挑着书箱,离开家求学去了。她们走了一程,来到路旁小亭子里休息。这时,路上走来一个书生和一个书童,也到亭子来休息。他们互相问候,祝英台才知道这位书生叫梁山伯,也是到学馆求学的。祝英台和梁山伯谈得十分投机,两人在亭子里就结拜成兄弟,随后高高兴兴一同上路了。

祝英台和梁山伯来到学馆,拜见了老师。老师见到这两位聪明英俊的少年来求学,非常高兴,就把他俩安排在同一张课桌上学习。梁山伯对祝英台像对自己的亲弟弟一样,十分关心爱护,两个人从早到晚在一起,成了最要好的朋友。

祝英台和梁山伯同住一个房间,祝英台为了不让梁山伯发现她是女的,她就把两个书箱隔在俩人的床位中间,书箱上还放上满满一盆水,她告诉梁山伯睡觉时要老实，要是乱滚乱动，把盆里的水弄洒了，她可要告诉老师重重地罚他。所以梁山伯总是规规矩矩，从不乱动，一直没有发现祝英台是个女孩子。

时间一晃三年过去了。一天，祝英台接到家信，说她的父亲病了，要她赶紧回去。祝英台向老师请了假，又来找师娘，说她和梁山伯同学三年，梁山伯为人诚恳热情，学习勤奋，她已经深深地爱上了他。她把一个玉扇坠儿交给师娘，托师娘做媒，等她走后，替她向梁山伯提亲。

祝英台即将启程回家的时候，梁山伯一定要亲自送她。二人一路上相依相随，总是不愿意分手。祝英台要向梁山伯表露自己的爱情，又不便直说，只好打着许多比方来启发梁山伯。老实厚道的梁山伯没有听懂她的意思。祝英台见梁山伯不明白，就说："我家有个九妹，我和她是双胞胎，长得和我一模一样，我愿做媒，让九妹和你结为夫妻，你愿意吗？"梁山伯本来很爱祝英台的才貌，一听说九妹和她生得一模一样，就高兴地答应了。他们相送了十八里，来到江边，二人才恋恋不舍地分手了。临别的时候，祝英台和梁山伯约定在七月七日到祝家相亲。梁山伯远远望着江对岸祝英台的身影越来越远，渐渐地看不见了。

英台回到家里，父亲的病早就好了，他让祝英台换成女孩子的装束，不让她再外出读书了。这时恰巧有一家姓马的大财主来求亲，父亲就把祝英台许配给马家的儿子。祝英台坚决不答应这门亲事，她对父亲说她已爱上了梁山伯，并且托了师娘去做媒。可是父亲坚决反对，硬要祝英台嫁给马家。

自从那天梁山伯送别祝英台后，回到学馆，继续用心读书，竟把七月七日去祝家提亲的事忘得一干二净，直到师娘拿着玉扇坠儿来，说明祝英台托她提亲的事，梁山伯才恍然大悟，知道了祝英台原来是个女的，她说的九妹就是祝英台自己啊！梁山伯立刻向老师请了假，赶到祝家去和祝英台会面。

梁山伯来到英台家里，看见祝英台完全恢复了女子打扮，显得更加美丽可爱。他说出师娘为他们提亲的事，哪知祝英台一听这话就大哭起来，她说："梁兄啊，你为什么这么晚才来呀？我父亲已经硬逼着把我许配给马家了！"梁山伯一听，又是吃惊，又是难过，心都碎了。俩人就抱头痛哭起来，他们互相发誓，无论谁也不能破坏他们之间深厚的爱情，两个人要永远在一起。他们的哭声被祝英台的父亲听见了，祝员外怒气冲冲地跑上楼来，把梁山伯赶出家门，把祝英台严加看管起来。

梁山伯回到家里，伤心极了，他想念祝英台，饭也吃不下，觉也睡不着，就病倒了，病情越来越重，不久就死了。临死之前，他告诉家里的人，他死后要把他埋葬在从祝家通往马家去的路边。

马家迎亲的日子到了，花轿抬到祝家门口，吹吹打打热闹极了。可是祝英台却哭哭啼啼，怎么也不愿意上轿。在她父亲的命令下，许多人推推拉拉，硬把祝英台推进轿子抬走了。花轿抬到半路上，忽然来了一阵大风，吹得抬轿人走不动了。这时丫鬟告诉祝英台，前面就是梁山伯的坟墓。祝英台不顾别人的阻拦，走出轿来，一定要到梁山伯的墓前去祭悼。祝英台来到梁山伯的墓前，放声大哭，痛不欲生，全身扑到坟上。霎时间，电闪雷鸣，风雨大作，坟墓忽然裂开一条大缝，祝英台喊着梁山伯的名字，一下子就跳进坟里去了。

一会儿，雨停了，云开了，天空出现了一道彩虹。只见一对美丽的蝴蝶从坟头上飞起来，绕着坟头翩翩起舞。人们都说，这对蝴蝶就是梁山伯和祝英台变的。至今人们还把这种黑花纹、翠绿斑点、尾翼上有两根长长飘带的大蛱蝶，叫作梁山伯。

马萧萧　搜集

周静书　整理

02

丧葬篇

"入土为安"的由来

处理逝者遗体、遗骨的方式，在宁波地区旧时传统的习俗是"入土为安"，即把逝者遗体、遗骨掩埋在泥土里。放眼四海，土葬习俗曾普遍流行于世界各地。

一说，人类丧葬史上曾有过一个"食葬"阶段，即以分食尸体的办法处置死去的氏族成员。《隋书东夷列传琉球国》："其死者气将绝，举至庭，亲宾哭泣相吊……南境风俗稍异，人有死者，邑里共食之。"元周致中《异域志啖人国》："凡父母老则与邻人食之，其邻人之父母老亦还彼食之。"因知"食葬"习俗曾流行一时。而土葬习俗是氏族成员之间血亲感情逐渐养成后的选择。

一说，人类丧葬史上曾有过一个"弃置垂死之人"的阶段（无所谓殡葬），如古籍中所述的"弃之沟壑"就是这种处置方式。土葬习俗的出现则与人类孝亲观念的形成有密切关系。这种观点，也符合早期儒家对土葬形成原因的解说。如孟轲以为：上古时代父母死了，子女便把尸体弃置山沟。后子女见父母遗体遭兽咬虫叮，内心感愧，于是就将尸体掩埋。"盖归反虆梩而掩之，掩之诚是也，则孝子仁人之掩其亲，亦必有道矣"（《孟子滕文公上》）。《吕氏春秋》也以孝亲之说解释土葬由来："孝子之重其亲也，慈亲之爱其子也，病于肌骨，性也。所重所爱，死而弃之沟壑，人之情不忍为，故有葬死之义。葬者，藏也。"

一说，土葬习俗的出现与初民灵魂观念的萌发有关。在元谋人和北京人时代，人死弃尸于野，与动物处置同类的方式没有区别。至山顶洞人时代，人类已有了两个世界的观念。人们不仅懂得人与自然界的分别、与动物的分别；而且懂得把活人与死人分开，把生与死分开，从而产生人死后到另外世界生活的灵肉可以分离的灵肉二元观。因此在旧石器时代中晚期，人类对于死人的埋葬，已经是一种以灵魂信仰为依据的有意识的行为。

　　这种观点实际上也是秦汉部分学者解释土葬起源的观点，如《礼记祭义》曰："众生必死，死必归土，此谓之鬼。骨肉毙于下，阴为野土"；《韩诗外传》曰："人死曰鬼，鬼者归也。精气归于天，肉归于土"。这与当时的人关于冥府、地府的观念是一致的。湖北江陵凤凰山汉墓中，曾出土有记载死者身份和下葬时间的"遣策"，这类写明是"告地下官吏书"的遣策，在另一些古代土坑墓中也常有发现。由此可见，土葬所象征的阴间世界，就是地下的世界。

　　一说，土葬习俗缘起于灵魂信仰，但其普及为我国传统的殡葬习俗，与根深蒂固的崇土意识密不可分。中原土地肥沃，人们以农耕为业，把土地视为生命之本，并由此形成生命从泥土中来然后回到泥土中去的观念。人死葬入土中，正与生生不息的生命创始与轮回的认识相契合。旧时民间有一个关于土葬起源的传说，颇能反映土葬习俗中的心态：相传殷周之际，中原盛行野葬，尸体被抛掷野外任由鸟兽自然啄食殆尽。姜子牙徒弟武吉之母死后，武吉照老规矩把老母背到了野外，然后哭着来见师父。姜子牙问他何故面有戚色，他回答说，想到老母将被野兽撕食，所以伤心。姜子牙想了片刻，说："人活着要食土，死了也该入土啊！为何不挖坑将老母埋入土中呢？"武吉忙拜谢师父的点拨，返回去把母亲埋了。从此，人们用土葬方式处置亲人的遗体，并有"人吃土欢天喜地，土吃人叫苦连天"之谚，意思是说人活着吃土里长的庄稼是高兴事，人死了被土"吃"掉是伤心事，以此形容人无论死活都离不开土。

陈望林　口述

滕占能　搜集整理

三日守灵

从前，宁波北仑霞浦有个张庚太公，老婆早死，有个儿子叫阿龙，娶个媳妇阿兰。

一天，阿龙从外面做生意回来，妻子阿兰上街斩来一刀肉，打来一斤老酒，到厨房里忙碌起来。肉煮熟，溢出一股香气，阿兰有点馋，撕下一块肉，酱油一蘸放进了嘴里。这时，门外传来了阿龙的脚步声，阿兰慌了，怕被丈夫看见不好意思，急忙把肉吞了下去。不料一吞没吞落，哽在喉咙里，气息屏住，眼睛蹈起，死了。阿龙进了屋，见阿兰直挺挺困在灶面前，用手推了几下，呀，已经咽气了！阿龙大喊起来，隔壁阿婶见阿兰死得这么突然，就报了地保，地保又报到县里，当日夜里，阿龙被公差押到了县衙门。

县令是个瘟官，说阿龙肯定在外边有了姘头，因而回家杀了老婆，把阿龙打了四十大板，送进牢里。阿龙爹买了口白皮棺材，请人用稻草里着，把媳妇安葬在路边的高墩里。

再说阿兰，她喉咙里的那块肉因安葬移动慢慢滑了下去，活了过来，她用手使劲顶棺材盖板，可因力小，顶来顶去顶不开。这时，路边走过一个磨镜匠，听到棺材里边有人叫救命，吓了一跳，他不敢走近棺材，想等个人起壮壮胆，一道看个明白。凑巧，这时又过来一个手提灯笼、肩背褡裢的酱油坊账房先生。磨镜匠拉着账房先生走到棺材边，打开了棺材，阿兰哭哭啼啼地从棺材里爬了出来。磨镜匠见阿兰年轻漂亮，顿生邪念，又见账房先生肩上背着沉甸甸的褡裢，心想里边肯定有许多银子，又起坏心。他对账房先生说："老先生，你看看，棺材里边还有些啥东西？"账房先生视力差，把头伸进棺材里探寻。磨镜匠捡起一块砖头，把账房先生一记敲煞，并将其推进棺材盖上盖，然后拖着阿兰喝道:"要活命,跟我走。"

阿兰胆子小,被磨镜匠连拖带拽带走了。

再说阿龙,关进监狱后,一天被押往外地修城墙,犯人乘的船遇到大风翻了向,幸亏阿龙水性好,游到岸上捡了一命,一路讨饭摸进了一座城里。

有一天,阿龙走进城里的一家水果店,见店里的老板娘像自己的老婆阿兰,就壮着胆子向老板娘要口饭吃。原来这老板娘正是阿兰,她听要饭的是宁波口音,细下一看竟是自己的丈夫阿龙,忙把阿龙拉进店内,将自己死而复活的经过一五一十地告诉了阿龙,要阿龙写好状纸,到衙门告磨镜匠谋财害命的状。

那个县令是个清官,接过状纸后不顾路途遥远带了手下人马到霞浦侦查。来人打开棺材,见棺材里果然躺着一具男尸,跟阿龙讲的一模一样。

又叫来酱油坊老板前来认尸,得到证实。那县令当即捉拿磨镜匠,判其死刑。

阿龙申了冤,阿兰报了仇。阿龙与阿兰破镜重圆,双双回到老家霞浦。这事传开后,张庚太公召集霞浦张姓族众,立下族规,以后族里人临死断气前,要喂三口粥。断气后将尸体停放在祖堂,再由子孙守灵三日,以防像阿兰那样假死。这个族规从霞浦传到宁波许多地方,慢慢形成了"三日守灵"的习俗。

选自《中国民间故事丛书·宁波北仑卷》

余华达　搜集整理

"脚后灯"的由来

在余姚姚北一带,家人死后要设灵堂,尸体躺在门板上,俗称摊板头。还要在尸体脚后点一盏灯——"脚后灯"(用碗装菜油或棉花油,用棉纱线作灯芯点燃)。据说这一丧礼习俗出自神话故事《白蛇传》"盗仙草"。

那年农历五月初五端午节,许仙请白娘子喝了一口雄黄酒,不料使白蛇现了真身,把许仙吓死了。白娘子急中生智,她对小青说:"我只有去昆仑山盗得仙草才能救活许郎。但这一去非常危险,因为昆仑山看管仙草的是两名鹤童,我不一定能斗得过他们。这样吧,饭碗一只,棉纱线(作灯芯用)小把,菜籽油、棉籽油(均可用)半市斤,侬在许郎脚后点上一盏油灯,如果灯亮着说明我还顺利;如果一暗一明说明我正在与鹤童大战;如果灯熄灭了,说明我已死亡,无法取得仙草。侬就自己去峨眉山继续修行,八百年后可上天成仙了。"说罢,白娘子腾云驾雾直奔昆仑山而去。谁知两个鹤童看守极严,不肯放过她,因此双方大打出手。南极仙翁(老寿星)闻声赶来,问明情由,便劝鹤童说:"她盗仙草是去救丈夫许仙性命的,准其取去吧!"

白娘子得了仙草,谢过仙翁、鹤童,速回人间。许仙服后,复活了。世上任何亲属都希望死去的亲人能死而复活,因此就按《白蛇传》的传说,凡有人去世,设灵堂,在死者脚后点上一盏"脚后灯",并令专人加油看管,以此寄予美好愿望。千百年来,此法代代相传,成了一种传统的丧葬习俗。

选自《中国民间故事丛书·宁波余姚卷》

余华达 搜集整理

穿孝鞋的由来

办丧事时孝子贤孙都要穿上白色的孝鞋,这是一种流行于宁波民间的丧葬习俗。这种习俗是怎样形成的?

据说,从前有个樵夫,家里有个六十多岁的老娘。那樵夫是个不懂孝道的莽汉,待老娘非常凶恶,自己上山砍柴,总是要老娘给他送饭,饭送迟了,不是打便是骂。

有一次,樵夫柴砍得很吃力,坐在一株大树下休息,当他迷迷糊糊要睡熟的时候,好像听见树上有几只鸟在说话。

他睁开眼睛一看,树上有个鸟窝,一只老鸟口里衔着一条小虫正在喂小鸟,小鸟吃了虫,拍拍翅膀说:"娘真好,等我大起来,你在家里享福,我们捉虫给你吃。"老鸟接下去说:"等你们大起来,不把我赶走也算好了,你看树底下那个人,当初他娘一口奶一口奶把他喂大,可是他翅膀一硬,动不动就骂娘打娘!"

那樵夫亲眼看了亲耳听了,不觉脸孔发热,知道自己错了。他暗暗下了决心,从今以后,不再虐待老娘。

就在这个时候,老娘提着饭篮,一步一拐地走上山来,因为今天饭又送迟了,她一直担心又被儿子打骂。

樵夫见娘上山,心中愧疚,就跑下山去接应,他边跑边喊,叫娘停下来。娘年纪大了,再加上心慌,根本听不清楚,以为儿子要来打她,连忙逃。就这样,一个逃,一个追,老娘脚骨一软,头刚好撞在一个树墩头上,脑浆迸出,鲜血直流,倒下死了。

樵夫抱着老娘的尸体，又是悔又是恨，可是人死再也不能复活。为了悼念老娘，并让别人都记住这个教训，他在鞋帮里缝上白布，在鞋后跟又缀上红布条，白布好像娘的脑浆，红布好像娘的鲜血。无论走到哪里，大家都看得见。

　　这件事慢慢地被左邻右舍知道了，天长日久，形成这样一种风俗：长辈死了，做晚辈的要穿一双白帮红后跟的鞋表示悼念，这就是穿孝鞋的由来。

选自《中国民间故事丛书·宁波余姚卷》
余华达　搜集整理

灵牌的由来

在宁波象山一带，死了长辈，人们把桌子摆在堂前，铺上布，立一块木牌，会写上亡者姓名，这就是"灵牌"。人死了为什么要立"灵牌"，有这样一个故事。

有个村庄，住着母子二人，儿子叫等来，父亲早故，家道贫困。等来从小靠母亲养大，能耕能种，倒也减轻了母亲的劳动负担，但他就是不孝敬，经常打骂母亲。因此母亲终日提心吊胆，生怕自己做错了什么，遭到儿子的毒打。

有一天，等来拿把锄头到地头去翻土，叫母亲把午饭送去。到了中午，母亲正准备去送饭，家里来了客人，就只好让客人先吃了饭，再给儿子送去。等来在地里做了整整一个上午，肚子里饿得"咕咕"叫，还不见母亲来送饭，怨气满腹地靠坐在树脚下，脑子里盘算着：等母亲送饭来要好好打一顿，看她下次还敢不敢这么迟送饭来。

突然他看见，在离他不远的树林里，放着一只母羊一只小羊，小羊跪着吃奶，母羊静静地站着。又从树林里传来"咿明明"的叫声，等来的眼睛忙向叫声寻去，只见在一株大树的丫枝上，有一只鸟窝，窝里的小鸟伸着头张着嘴，轻轻地叫着；一只大鸟把口里含着的食物，一点点地喂给小鸟吃喂完了，就又飞出去，不一会儿又回来接着喂小鸟。

看到这种情形，他忖："啊！我太对不起母亲了，小羊跪着吃奶，而我呢？养我长大，还要打她。我是多么不讲理啊！在我小时候，母亲不是也像大鸟对小鸟一样对待我吗？没有母亲的抚养……唉！我真是个不孝之子。从今以后，一定要对母亲孝顺了。"等来后悔了。日已当空，母亲还没有来，等来想："母亲一定很忙，没时间送饭，还是我自己回家去吃吧！以后也不用她送饭了。"

这时，等来的母亲正为儿子送饭急急地赶路。那双小脚，怎么也走不快。她看看太阳，已经过午，往常只要有点事不称心，儿子就打骂她。现在，饭送不得，非她打不可。母亲想到这里，就伤心地哭了："儿啊！妈妈老了，你可别再打了！你肚子饿，再忍耐一下，我就送到了。"

这时，等来手拿锄头走着回家，下决心以后对母亲要孝顺。猛地看到前路上，母亲正急忙地赶路，走路跌跌撞撞，他急忙跑了过来！等来握紧锄头，跑过去接她妈。母亲听到她儿子的叫声，看他拿着锄头狂奔过来，以为她儿子又要来打了，心想：不好，这一顿打一定不会轻的，还是死了算了。事也凑巧，路边刚好有条河，她就把饭桶放在路上，一转身跳进了河里。

等来见母亲跳进河里，知道母亲误会了。他不顾一切地扎下河去救他的母亲。摸啊摸，等来一边哭，一边摸，摸遍了整条河，没有摸着母亲，只摸到了一段木头。他只好爬上岸，把木头搂在胸前，伤心地哭了起来。回家后，等来把木头做了块牌子，放在饭桌上。每当吃饭的时候，他都拿出最好的菜，放在木牌前说："妈妈，您吃吧！"

后来等来娶了老婆，这个习惯，仍然不变。当他有了孩子以后，他觉得木牌放在桌上不方便，就把它放在堂前，还时时教他的儿子："那木牌就是你们奶奶的灵魂，你们以后要尊敬她。"每到节日，就捧出好的菜放在木牌前。年长日久，人们就把这块代表灵魂的木牌称为"灵牌"，这做法也流行开来，一代一代传下来。

选自《中国民间故事丛书·宁波余姚卷》
余华达　搜集整理

丧家办豆腐羹饭的由来

吃豆腐羹饭，亦称吃羹饭或吃豆腐饭，是一种流行于宁波民间的丧葬习俗：葬礼结束后，丧家要举办酒席（雅称"豆宴"），酬谢前来参加葬礼以及以现金、实物等形式助丧赙奠的人，被请者一般不得拒绝，否则会被认为是"失礼"。过去这种酒席一般为素席并以豆制品为主，其后逐渐变异，佳肴美味之丰几可比拟喜庆之宴，唯一碗豆腐羹必不可少，所以照旧称为豆腐羹饭。这种习俗是怎样形成的？

据说，战国时人乐毅性孝顺，父母喜吃软食，乐毅便用黄豆制成豆腐供父母食用。父母每天食之，因得高寿。父母故后，乐毅请参加送葬的邻居们吃豆腐宴，祝愿大家健康长寿。由此形成吃豆腐羹饭的风俗，流传至今。

另有一说，西汉淮南王刘安崇尚神仙之术，天天服豆，希望可致长生。其间他发明了制作豆腐的办法。后其父病死，按礼仪三日之内须停厨熄火，所以刘安连吃三天冷豆腐。旁人不察，见他把一团团雪白的东西往嘴里塞，以为他吃的是什么凤髓羊酪，遂说他不守礼节。刘安乃于三日小殓后举办素席，答谢各方来吊宾客，席间特备一道冷豆腐，说破真情。从此，孝子居丧多以豆腐为冷食，而成殓后以豆腐答谢吊唁宾客的习俗亦由此形成。

流播于江淮的民间传说称，从前有一位阿厘米给三个媳妇各人一升黄豆。大媳妇和二媳妇取回食之。三媳妇把黄豆种在田里，将结成的新豆收下来。如此三年，积攒了许多黄豆。阿公称赞三媳妇能干，让她主持家务。三媳妇用黄豆磨成豆腐，烧了许多可口的菜孝敬公婆。阿公高兴地说："我百年之后，你们用豆腐供我。"阿公死后，子媳就用豆腐做菜供奉。

此事传开后，逐渐形成办丧事吃豆腐饭的风俗。

沈锦文　口述
滕占能　搜集整理

送葬回来要跨火的由来

在宁波，送葬回来，人们要从一堆火上跨过，称之"跨火"，这是为什么？

传说，很早以前，有户金姓的人家，是个大家族，五房头只有一个男孩，起个惯名字，叫金大锁，是全家的心尖子。金大锁刚过十岁，他的父亲金有钱就请教书先生来家教他读书。可是，金大锁像个病秧子，整天离不开熬药罐，实在没法念书，于是，金有钱就将金大锁送到附近的庙里，求方丈普度。不知方丈用的什么法子，金大锁到庙里不久，病就全好了。

一晃，八年过去，金大锁长成了美男子。他下山购香火，经过老龙涧旁的相思崖，常看见有个俊俏的姑娘在那里哭。一次，他便上前问道："施主，为了什么事如此伤心？"姑娘回答："小女命苦，父母双亡，无依无靠啊！"从此，金大锁慈悲心动，常带斋饭给她，还不时施以碎银。这样，时间长了，金大锁对那姑娘竟萌发了爱慕之情。

一天，方丈对金大锁注视了一会，吃惊地问："你身上哪来的妖气？！"金大锁不语，老和尚再三追问，金大锁只好实说。方丈听了，大惊失色，坚定地说："赶快同她断绝往来，她是只狐狸精！"金大锁不但不听师父的话，反而把方丈所言如实告诉了那姑娘。姑娘朝金大锁秋波一荡，媚笑道："你看我哪里像狐狸精？"金大锁没有正面回答，顺势将姑娘往怀里一搂，柔情似水，狠狠地亲热了一番。

方丈看势头不对，只好将实情告诉了金有钱。金有钱一气之下，把儿子带回锁在后花园的一间小屋里，认为这样将他们分开，可以断绝往来了。可是，事与愿违，姑娘天天夜深来到金大锁的身边，厮混到鸡叫才离开。开始，金大锁曾怀疑地问过那姑娘，在深夜怎么能进得了后花园？而那姑娘却说相会全是在梦中,如此,金大锁真的相信了姑娘的话。

三月过后,金有钱认为儿子死心了,便将儿子放了出来。谁知金大锁一出来就跑到老龙涧相思崖同那姑娘相会,并一起钻到树林深处不回家了。为此,金有钱气得吐血而亡。金大锁听说父亲死了,当晚带着那姑娘回家,想最后看一眼生养自己的父亲。方丈看金大锁和那姑娘回来很生气,说:"金大锁,出殡时由你领棺材头,跟你来的那姑娘,只能尾送到半路,等在那儿同送葬人一起回来。"金大锁同那姑娘只好听从。

出殡了,金家族人、亲朋好友为金有钱送葬。方丈趁送葬人未返回之前,在村头路口用禅杖画了个暗圈。送葬的人回来了,那姑娘怕有不测,紧紧贴在金大锁的身边,寸步不离,走在送葬人的前头。当走到那个暗圈前,金大锁感到好像有人猛推他一掌,摔有丈把远,跌倒在地,还未回过神来,只听轰的一声,那个暗圈燃起熊熊大火,火中间的那个姑娘顿时变成一只狐狸,不一会化为灰烬。这时,方丈指了指还在燃烧的火焰,对大家说:"狐狸精为了得道升仙,靠色情勾引男子,吸取精髓,今天老僧把它除害了,是它应得的下场!"众人听了,对狐狸精很气愤,带着蔑视和泄恨的心情,一个一个从那还有余火的灰烬上跨过去,这就是"跨火"的来历。

从此,人们送葬回来,都要"跨火",表示降妖、避邪、去晦气的意思,成为人们向往美好生活的一种心理调节。

张家挺　口述
滕占能　搜集整理

烧纸祭亡灵的由来

纸灰化作白蝴蝶,血泪染成红杜鹃。宁波一带有习俗,亲人死去,亲属都要烧些纸钱来祭奠,认为不烧纸钱,死去的亲人在阴曹地府就会受苦受穷,不得安宁。据说,这一古老的习俗还是造纸商人想出来的呢!

东汉辰光,浙东有个落魄秀才,名叫金国生,寒窗苦读十几年,却一直没能考取功名。但伊为人聪明,在京城探亲访友辰光,利用空闲日子,投靠到蔡伦门下学习造纸,并且很快就学会了各道工序的技术,能够独立操作了。

过了几个月,金国生回到家乡后,就在自家屋旁边办了一个造纸作坊,造出的纸又多又好,蛮受读书人的欢迎。但当时纸的用途勿多,销路勿广,除了读书人家,其余人都很少用。金国生造出的纸多数积压,弄得资金周转困难,也给家庭生活带来影响。为此,金秀才日思夜想,三餐茶饭也吃不下去,介没几天工夫,金秀才竟双眼一闭死哉。

左邻右舍晓得后,都同情金秀才,纷纷过来帮助料理丧事,金秀才的老婆哭着对大伙讲:"屋里穷,没啥东西可以陪葬格,就把这些纸烧给伊做陪葬品吧,这也是国生的遗愿。"于是,邻居中轮流派一个人在金秀才的灵前烧纸焚化。

到了第三日,金秀才突然在灵堂里坐起来,嘴巴还勿停地叫着:"快烧纸,快烧纸,多烧些纸。"所有在场的人都被吓坏了。金秀才接着又讲:"请侬相信我,我真的活哉,是这些烧掉的纸把我救活格。这些纸烧掉后,纸灰到阴曹地府就变成了铜钿,我用这些钱还了债、赎了罪,阎罗王就把我放了回来。"

这件事传开后,一个有钱的老员外对金国生活:"我用金银珠宝陪葬,恐怕比侬的纸值钱多了。"金秀才话:"金银珠宝只能在阳间使用,不能带到阴曹地府去。侬勿信,可以打开棺材看一看,陪葬的金银珠宝保证分毫不动。"老员外听了觉得有道理,就打消了用金银珠宝陪葬的打算,而买了金秀才家老多的纸。于是,买纸的人一下子就多了起来,金秀才的造纸作坊也老快兴旺起来。

原来,这是金秀才和老婆想出的一个计策,为了把纸卖掉而上演了这出死后还魂、烧纸成钱的戏。于是,给死人烧纸的习俗就一直流传下来了。后来,买纸的人家为了分清祭奠用纸与其他用纸的区别,就在纸上印了记号。再后来,佛教盛行,为了表示对死者哀悼的虔诚,就边烧纸边念佛,或者先念好佛再烧纸,这就逐步演变成了现在的冥钞佛钱。

选自《中国民间故事丛书·宁波余姚卷》
余华达　搜集整理

"寅葬卯发"的传说

天下之大，无奇不有。传说宁波奉化尚田下夏袁太公日日想发财，他听人说："千人奔不如一人困"，就是说只要祖宗坟地做得好，下代自然会发财。

一天，袁太公见家父病危，赶忙请来了一位风水先生。酒足饭饱之后，太公提出要做一座"寅时下葬，卯时就发"的坟，恳请先生帮忙寻找坟地。先生说："让我四处找找。"先生爬东山，观西岭，淌溪水，踏田畈，细看慎望。几天下来，确定周畈桥头一处做坟最好。先生关照太公：死者下葬必须待"头戴铁帽，鲤鱼上树"时。

话说袁太公的父亲因病医治无效，不久离开人世。家人按风水先生指定的地点做好了坟，将太公父亲的灵柩抬到坟前停放，众人等待"头戴铁帽，鲤鱼上树"的时辰将死者埋葬。话分两头，就在下夏袁太公的父亲出丧那天，有一方门人挑了一担干柴到奉化去卖，卖了柴买了一只铁锅准备回家，刚巧碰着他出嫁到城里的女儿，女儿非要她爸爸到她家去住一晚。这个方门人非常勤劳，平时绝不闲坐一天。见女儿这么客气，盛情难却也就去了。

住了一夜，第二天天未亮定要回方门。女儿知道无法再留父亲，便从里屋拿出两条鲤鱼送给父亲。方门人也不推却，借着月光、迎着晨风快步回方门了。将到周畈桥头，突然下起雨来。方门人未带雨具，灵机一动，把铁锅戴在头上，两条鲤鱼缚在冲担的头，背在肩上继续赶路。抬棺材的先生望见有人头戴铁帽——铁锅，发现鲤鱼上树——鲤鱼缚在冲担尖上，以为时辰已到，赶快拿出鱼、肉、豆腐等请土地菩萨，并把尸体捅进坟墓里。众人正在上石柜，封墓穴，不知从什么地方窜出一只猫，把请菩萨的一刀肉给叼走了。众人大惊，赶忙去追。追到桥边一土墩，猫叼着肉从石孔中钻进去。众人忙拿来锄头挖土墩，挖了好久,不见猫,却见两只甏,上面盖得严严实实。众人也不知甏里有何物,下夏袁太公就命家人把两只甏抬回自己家中。待酒席散后众人离去,下夏袁太公到里屋打开甏盖,见里面全是金子。推算时间,正好寅时棺木入土时得了两甏金子。

后来,下夏袁太公在下屋这个地方造了三幢极有气派的楼房,前厅后堂,前后接壤。"寅葬卯发"的传说和习俗也就一直流传至今。

陈望林　口述

滕占能　搜集整理

做七的由来

浙东大地上流传着一种人死后要"做七"的习俗,"做七"也叫"斋七",即人死后(或出殡后),于"头七"起即设立灵座,供木主,每日哭拜,早晚供祭,每隔七日做一次佛事,设斋祭奠,依次至"七七"四十九日除灵止。

"做七"祭奠习俗其大致内容是:人死后,亲属每七天设斋会奠祭(或称追荐)一次,第一个"七"称头七,例由儿子为亡父(母)设木主焚纸钱,延请和尚诵经;二七则请道士还受生经;三七、四七俗称"散七",可由外甥、侄辈来做;五七倍受重视,另有"回煞"仪式;六七由女儿备酒饭,无女则由侄女;七七称"断七",由丧家供奉酒菜祭奠,并诵经除灵等。

"做七"祭奠习俗是怎么来的呢?

一说来源于生缘说,大约在佛教传至东汉后到南北朝这段时期内形成,从唐初起突破信众范围,走向世俗化。为何要规定"七"为忌日?谓人生有六道流转,在一个人死此生彼之间,有一个"中阴身"阶段,如童子形,在阴间寻求生缘,以七日为一期;若七日终,仍未寻到生缘,则可以更续七日,到第七个七日终,必生一处(见《瑜伽论》)。所以在这七七四十九天中,必须逢七举行超度、祭奠民间相传。二说做七习俗始于唐初,大致情节是:唐太宗李世民临终前曾嘱咐太子:死后每隔七天须由亲人为其摆一次荐宴,烧一回纸钱,前后共七次,至七七四十九天止,使其灵魂得以顺利超度。其中"五七"的置办,尤应丰盛,等等。太宗死后,太子遵旨一一照办。其后公卿百姓纷纷仿效,由此形成做七习俗。

沈锦文　口述

滕占能　搜集整理

03
寿诞篇

催生

催生是浙东民间婚嫁中的一种习俗，一般是新妇怀孕后，她的娘家母亲挑着婴儿的衣帽、红蛋等物到女儿夫家去催生，但实际上这"催生"也包括男家催生和娘家催生两方面。

传说，旧时慈溪洋山殿戎家的戎肇敏儿子瑞源结婚时，专门请丹青师傅画了麒麟送子的床匾。在拜天地时，八仙桌下特地放上了一把轿车和一双虎头鞋。在洞房花烛夜，请新娘吃了红枣、花生、桂圆、荔枝，催促新媳妇早日生下儿子——这也是催生的一种。

不久，瑞源的妻子怀了孕，瑞源的丈母娘特地请了篾匠师傅打了摇篮，请木匠师傅做了架子，请裁缝师傅做了婴儿穿戴的衣服、帽子、摇篮被，还亲自制作虎头鞋，买了桂圆、枣子、红糖、驴皮膏、鲫鱼、猪蹄、老母鸡，还将白鸡蛋染成红蛋……拣了个黄道吉日，雇了一个忙工，用扁担把摇篮等许多物品挑到女儿夫家去催生。

到了瑞源家，丈母娘吩咐女婿找来几个男孩子，到房里来抢红蛋。丈母娘放好了摇篮和其他物品，拿着包着红蛋的包袱，喜气洋洋地走进女儿房中。这时女儿坐在被窝里，床前有几个男孩子在东瞧西望，丈母娘指着女儿的肚子说："好女儿，你已经怀孕八个月了，看来不久就要生了，一定是顺产，快生快养，而且生出的是白白胖胖的儿子。"说着，她把包袱一抖，几个红蛋就滚出来了。

这时，守在床边的几个男孩便一哄而上，把床上的红蛋抢个精光。丈母娘笑着说："好！好！快生快养，像红蛋一样快生快养，生个儿子！"一席话，引得孕妇、众人喜笑颜开，房间里充满祥和的气氛。

陈望林　口述
滕占能　搜集整理

满月酒的传说

传说在宁波西乡岐山脚下住着一对年轻夫妇，而立之年喜得爱子，非常高兴。孩子生下的第二十九天，天上下着鹅毛大雪，北风呼啸，非常寒冷。孩子突然发起高烧，浑身抽搐，夫妻俩吓得手足无措。他们家住在深山老林，大雪封山，也无法送孩子去看医生，不到两个时辰，孩子就死了。两口子悲痛过后，将孩子放在山上的树林里。

第二天，孩子的外婆从这里经过，忽然听到后山女儿的哭声，就连忙向女儿家赶去。不想路过树林时，一只大老虎紧紧盯着她，老婆子本来心里急，再加上翻山越岭，早已筋疲力尽，受此惊吓，顿时眼前一黑，昏了过去。待外婆醒过来，大老虎不见了，听到不远处有个小孩在哭。原来扔掉的孩子并没有真死，在风雪中苏醒过来，不住啼哭，正巧一只才生了虎仔的母虎路过这里，便用自己的奶喂孩子，暖着孩子，将孩子救了过来。外婆便将孩子抱回女儿家。

女儿女婿猛然看见妈妈抱着自己的孩子，不敢相信自己的眼睛，待老人说明情况后，才觉得这是老天相助。从此以后，为了驱邪保平安，使孩子健康成长，通常由舅舅家用黄布制成布老虎，在孩子满月时给孩子送过去，以图喜庆吉祥，并喝满月酒保佑婴儿平安健康成长。

张家挺　口述
滕占能　搜集整理

抓周

旧时，宁波民间在给婴儿庆周岁生日时，常有"抓周"仪式。抓周在小孩满周岁时举行，准备一些有象征意义的物品，让孩子随意抓取，以此预测孩子的志向和前程。

宁波当地的抓周仪式，一般是先把宝宝梳洗干净，换上新衣服，然后开始祭拜祖先，祈求祖先保佑宝宝健康成长。祭祖仪式结束后，选一间比较宽敞的房子（一般是正房），中间并列放两张方桌，上面铺上布或席子，将准备好的抓周物品一一呈半弧形摆在桌子的一端。抱来宝宝放在桌子的另一端让宝宝抓桌上的物品，根据宝宝所抓的物品来观察、预测宝宝的兴趣、爱好以及将来的前程。

抓周习俗的来由还有个传说。

相传，三国时吴主孙权称帝未久，太子孙登得病而亡，孙权只能在其他儿子中选太子。有个叫景养的西湖布衣求见孙权，进言立嗣传位乃千秋万代的大业，不仅要看皇子是否贤德，而且要看皇孙的天赋，并称他有识别皇孙贤愚的办法，孙权遂命景养择一吉日。是日诸皇子各自将儿子抱进宫来，只见景养端出一个满置珠贝、象牙、犀角等物的盘子，让小皇孙们任意抓取。众小儿或抓翡翠，或取犀角。唯有孙和之子孙皓，一手抓过简册，一手抓过绶带。孙权大喜，遂册立孙和为太子。然而，其他皇子不服，各自交结大臣，明争暗斗，迫使孙权废黜孙和，另立孙亮为嗣。孙权死后，孙亮仅在位七年，便被政变推翻，改由孙休为帝。孙休死后，大臣们均希望推戴一位年纪稍长的皇子为帝，恰好选中年过二十的孙皓，这时一些老臣回想起先前景养采用的选嗣方式，不由啧啧称奇。其后，许多人也用类似的方法来考校儿孙的未来，由此形成了流传江南的"试儿"习俗。

沈锦文　口述
滕占能　搜集整理

做生日

每个人的生日都是对个人来说比较重要的日子。它代表着年龄的增长和阅历的增加。在宁波地区，旧时的生日庆祝一般是面对特别小的孩子或者年龄超过40岁以上的人。按照中国民间的习俗，通常将四十岁以下的诞辰纪念称作"做生"，而过了这个界限的就称作"做寿"。

宁波人通常把新的一岁开始于农历新年的大年初一，就是说除夕过后，每个人就长了一岁。所以新年辞旧迎新的意味里面还有一定的岁数含义。而一般过生日还是习惯使用农历。

宁波人做生的习俗源于这样一个民间传说：

有个少年家境贫寒，家中只有一个年过七旬的老母亲相依为命。一次，少年突然得了一种不知名重病，家里无钱医治，眼看奄奄一息之际，有人告诉了他一个方法，称某月某日，八仙将路过此地，可备上酒水以求他们帮助。少年依计行事，果然见到了八仙，治好了怪病，临别时八仙告诉他："今日是你再生之日，此后每年今日予以庆祝，定可长寿。"消息传开后，过生日置酒请客逐渐成了当地人的一种习俗，流传开来。这虽然是个传说，但也可以看出，过生日在很多人心里有一种消灾祛病、祈求来年平安的意思。

众所周知，生日伴随着一个生命的全过程，它见证了生命最初来到世间时的"哇哇"啼哭声，也记载着岁月流逝中的道道痕迹，每个人对生日都有着一份特殊的情感。其实，过生日也不仅仅是只做个人的，这也就是说一个人每年绝不可能只过一次生日。

沈锦文　口述
滕占能　搜集整理

祝寿的习俗

旧时，男女自三十岁起逢十都要做生（日），俗语"三十不做（寿），四十不发（达）"。做生时办酒席请客亲友送礼贺礼，四十岁要提早一年庆祝，因"四"与"死"谐音，谓"做九不做十"，五十岁以后寿诞一般由子女为父母庆贺，办寿酒，亲友主动祝寿，不发请帖，俗语"请吃酒壁拜生"，意为白手应当主动，体现对老人的尊重，不被遗忘。穷人做寿从简，富人则讲究隆重热闹现盛。

旧称"富做生，穷做亲"，过去穷人做寿一般是吃几只鸡蛋一碗面（长寿面）算过生日。富人排场大，设寿堂，挂寿幡，请戏班做戏，中堂悬挂寿星画，请寿星菩萨。主人坐于堂前接受子女亲朋的祝贺，有的富人家把所收寿礼再添些钱，用于修桥造凉亭铺路，原官塘路"新凉亭""广济桥""善缘桥"等都是这样来的。民间还有66岁吃66块肉习俗，儿女要送66块肉，以示孝敬：肉由已出嫁女儿亲自烧制（吃素老人以烤麸代替），传说吃后可望长寿，民谚"人到六十六，阎罗大王请吃肉"。如果人到百岁时已死了的，那么他的后代家人要为其做冥寿（阴寿）。

在三北，吃长寿面习俗起源于何时已无从查考，但从清代以来，就一直流传。虽然现在已慢慢淡化，但至今这一习俗还在当地保留着，并且有复苏迹象。

在三北一带，但凡做寿时都有吃长寿面的习俗。前来贺寿的人其他东西可以不吃，但长寿面是一定要吃的。民间认为，吃了长寿面不但是对做寿者的祝贺，而且自己也可以长寿。关于这一习俗的来历，有这么一个传说：相传，汉武帝崇信鬼神又信相术。一天与众大臣聊天，说到人的寿命长短时，汉武帝说："《相书》上讲，人的人中长，寿命就长；若人中1寸长，就可以活到100岁。"

坐在汉武帝身边的大臣东方朔听后就大笑了起来，众大臣莫名其妙，都怪他对皇帝无礼。汉武帝问他笑什么，东方朔解释说："我不是笑陛下，而是笑彭祖。人活 100 岁，人中 1 寸长，彭祖活了 800 岁，他的人中就长 8 寸，那他的脸有多长啊。"

众人闻之也大笑起来，看来想长寿，靠脸长长点是不可能的，但可以想个变通的办法表达一下自己长寿的愿望。脸即面，那"脸长即面长"，于是人民就借用长长的面条来祝福长寿。渐渐地，这种做法又演化为生日吃面条的习俗，称之为吃"长寿面"。

除了吃长寿面，宁波民间还有祝寿送寿桃的习俗。

这一习俗源于西汉年间，传说孙膑离家学习兵法 12 年，这天其老母亲八十高龄生日，家中大摆酒宴庆寿。老母亲见唯独少孙膑一个，难过痛哭，正当全家人劝慰母亲时，孙膑回来了。孙膑看见母亲那因为思念儿子而憔悴的面容，心里难过至极，忙从怀里捧出一个桃对老母亲说："今日告假回来，师傅送我一个桃孝敬您。"老母亲接过桃吃了一口说："这桃比冰糖蜂蜜还甜。"桃还没吃完，容颜就变了，以前雪白的头发变成了如墨的青丝，昏老的双眼变得明亮了，掉了的牙又长了出来，脸上的皱纹也不见了，走路也不用拐杖了，为此全家人都非常高兴。人们听说此事就纷纷效仿，在父母过生日的时候，甚至是一般亲朋好友过生日的时候，送上寿桃，表示衷心的祝福。但是鲜桃的季节性强，于是人们在没有鲜桃的季节用面粉做成寿桃样子给寿星拜寿。

余华达　搜集整理

三个女婿吃寿桃

从前，慈溪掌起桥陈家有个陈财主，他有三个女儿。大女儿、二女儿十分听爹的话，爹把她俩分别嫁给洋行跑街和药材行店员。三女儿不满老封建的一套，常常与爹唱反调，爹把她嫁给了他最看不起的农民。

一天，陈财主六十大寿，大女婿和二女婿早两天从上海赶回来了，他们派人挑着六格头幢篮，装满鱼、肉、鹅、鸡、寿面、炮仗等礼品来拜寿。三女婿也挑了些寿礼来拜寿。

陈财主和大女婿、二女婿都看不起三女婿，想着法子捉弄他。这次他们商量好办法，让那个三女婿在吃寿桃时出洋相，吃不到寿桃。

寿宴开摆了，丈人和女婿们同坐一桌。丈人坐在上横头，大女婿在左，二女婿在右，三女婿坐在下横头。酒过三巡，丈母娘端出一盆寿桃。这寿桃是用水磨糯米粉做的，里面夹沙馅，样子像汤团。夹起来会长，放落会圆。小女婿想吃寿桃，丈人却说："今天吃寿桃要讲几句白话，要分别用上'小、老、苦、好'四个字，讲得好的吃寿桃，讲不出的没得吃。"

大女婿早想好了，他先说："李存孝七岁打虎小勿小？姜太公八十遇文王老勿老？吕蒙正落难住破窑苦勿苦？后来当宰相好勿好？"

丈人说："讲得好！"大女婿便夹起一个寿桃，掼几掼伸到三女婿鼻子前说："阿三，你闻闻这寿桃有多香，味道好吃得很呢！"

接着，二女婿说："甘罗十二为丞相小勿小？郭子仪七十二岁打头阵老勿老？朱买臣上山砍柴苦勿苦？后来中新科状元好勿好？"

丈人说："你也讲得好，请吃寿桃。"二女婿夹起一个寿桃，掼几掼伸到三女婿嘴巴前，说："这寿桃糯米粉多糯，味道实在好，可惜你吃不到。"

轮到三女婿说话了。他是农民，不识字，什么古人、小、老都不知道，可他待人待物好，姐妹、外孙都围拢过来看，说不出多坍台啊！一急，便有了主意，他说道："桌子边站着的外孙小勿小？"丈人说："小！""丈人阿爸六十大寿老勿老？"丈人说："老！""四个人拼吃一盆寿桃苦勿苦？""苦！""你们全部勿吃，让我一个人吃好勿好？""好！"丈人一个冲口出。三女婿把大、二女婿筷子上的寿桃撩了回来，并端起盆子，把寿桃分给桌子旁的男女老少吃了，弄得大、二女婿目瞪口呆，半晌说不出话来。

李昌华　口述
滕占能　搜集整理

徐文长书对

慈溪宓家埭长者家有一副寿联,字体铁划银钩,龙飞凤舞,人见人赞。这幅寿联是明代大文学家徐文长亲自书写的真迹。要得到徐文长的真迹,这可不是一件容易的事情。长者是怎样求得的?说来还有一段趣话。

大文学家徐文长与慈溪五磊寺方丈智明禅师的关系很好,两人互有来往。一同作画题词,开怀畅饮,十分莫逆。

临近五磊寺的宓家埭村里,有一位姓宓的长者,他有三房媳妇,个个貌若天仙,生性贤惠,远近闻名。这一年初秋,长者的六十大寿将近,又闻徐文长正在五磊寺避暑。他便亲自上山请徐文长书写对联,欲为寿诞增添光彩。

徐文长说:"要我写对子不难,你得依我三条!"长者问:"哪三条?只要我办得到都会依从。"徐文长一本正经地说:"第一条,要你的大媳妇给我焐头;第二条,要你的二媳妇给我焐脚;第三条,要你的小媳妇给我焐肚皮,这三条缺一不可,你若能办到,我就给你书对。"长者听了十分为难,智明禅师在旁微微一笑说:"宓施主,你回家人认真去想想,也可以征求媳妇们的意见嘛!"

长者闷闷不乐地回到家里,左思右想没有办法。然后他觉得请徐文长书对机会难得,只得厚着脸皮去跟媳妇们商量。他把徐文长的要求跟大媳妇一说,立即遭到打媳妇的一顿臭骂。他与二媳妇商量,也被骂得狗血淋头。然而,长者还是不死心,又去找小媳妇商量,准备再挨一顿臭骂。谁知小媳妇却满口答应,并向阿公表示:"保证做通另外两房媳妇的思想工作。"长者闻听,欣喜异常。但他心中着实疑虑:小媳妇这样正派的人,怎么会同意徐文长不合情理的条件呢?

过了几天,长者兴冲冲上了五磊寺。他告诉徐文长:"三个条件都答应照办,请你写对联吧!"说着,他命仆人献上礼物。长者指着一件件礼物说:"这是我大媳妇做的一顶官帽,它可以给你焐头;那是我二媳妇做的一双棉鞋,它可以给你焐脚;还有这个棉肚兜是我小媳妇做的,它可以给你焐肚皮。"徐文长看了看这三件礼物,微笑着点了点头。智明禅师问:"宓施主,这主意是谁出的啊?"长者回答说:"小媳妇。"智明禅师称赞道:"你家有这么个聪明贤惠的媳妇,徐兄为你书对是必然的啊!"

就这样,徐文长蘸墨挥毫,在对联上写下龙飞凤舞的字,上联是:"寿比南山不老松",下联是"福如东海水流长。"

陈望林　口述
滕占能　搜集整理

寿堂妙对

徐文长的岳父做寿，他在寿堂里摆好画桌，准备好对联和笔墨，等女婿徐文长到来，叫他写一幅寿联，以增添寿诞的光彩。

这天亲友盈门，徐文长带着礼品来拜寿，阿舅对徐文长说："阿哥，爹要你给他写一幅寿联，你可要大笔一挥啰！"徐文长说："我一点思想准备也没有，恐怕写不好。""谁说的？"阿舅对徐文长说："谁不知道你是个大才子，诗文书画都堪称一流，怎么会写不好呢？"徐文长认真地说"真的，我如果写得不好，你们可不要骂我。""怎么会骂你呢？只有恭维你。"

听说，徐文长要给岳父写寿联，亲朋好友都围拢过来看。徐文长蘸墨挥毫，先在上联写了一句："岳父大人不是人"，弄得岳父大人目瞪口呆。阿舅："这，这……"他想起了前言，不便开口责备。徐文长又在下联上写了一句："生出儿子要做贼"。这下，阿舅可忍不住了，便说："阿哥，你辱骂父亲不够，还要侮辱我，是何道理？"徐文长向阿舅摆了摆手说："阿舅，你耐心看着吧！我还没写完呢！"接着，他在上联的下半截写上："本是南山老寿星"，在下联的下半截写上"偷得蟠桃孝娘亲"。连起来就是：岳父大人不是人，本是南山老寿星；生出儿子要做贼，偷得蟠桃孝娘亲。

这副对联不但内容好，而且字体奔放，铁划银钩，龙飞凤舞，众亲友拍手叫好，老丈人、阿舅都破涕为笑了。

滕锡康　口述
滕占能　搜集整理

庆生做九勿做十

从前,宁波镇海郑氏十七房有两位老人,叫世才公公和世才婆婆,其膝下三个儿子和三个女儿都非常孝顺,这年,眼看世才公公七十岁的生日马上要到来,六个子女商量要给父亲过一个热热闹闹、风风光光的生日。

"人生七十古来稀",那时的大多数人,能活到五十岁庆贺就称为"寿诞"了,活到六十岁就入"花甲"之年了,世间没多少人能活到七十岁的。如果活到了七十岁,那不仅意味着他个人的寿命长,而且还会受到所有人的极力尊敬呢!所以他们都想为父亲好好地庆贺一下,让他活得更长,活得更开心。

子女们商量决定为父亲办三天寿酒,第一天家里家外张灯挂彩,晚上宴请至亲,请民间戏班唱寿戏;第二天设寿堂,点寿烛,挂寿幛,恭恭敬敬地拜寿星、摆寿筵、吃寿面;第三天是谢客,客人们吃过中饭后告辞回家,戏班晚上唱完戏结账离去。

这三天里,世才公公家是宾客满堂,笙歌一片,里外热闹,把世才公公乐得一天到晚都合不拢嘴,但意想不到的事情却发生了。

第四天早上,大儿媳来服侍世才公公起床,刚进门就被吓得大哭起来,众人闻声赶到,看世才公公已经直挺挺地倒卧在地上气绝身亡了,他的头上有因磕碰流出的血污,手里还抓着一包寿糕,其旁的一个大沙橱门开着,那橱里整整齐齐地叠放着大包小包的各种寿糕、寿饼、寿团和寿桃等。看来,是世才公公半夜起来取食时,不知什么原因摔倒而导致亡故。刚为他热热闹闹地庆贺了寿诞,却为取食寿糕而暴亡;原想让老父亲在庆寿后更加快乐长命,却未料寿宴刚刚结束,就马上要为他办丧事了。六个子女号啕大哭。

丧事办理后,儿女们找到蟹浦街上当时最有名的阴阳先生亮眼伯卜卦,想知道自己究竟哪儿犯了错,才造成如此后果。阴阳先生亮眼伯笑道:"你们希望父亲长寿的意愿没有错,你们的孝心也没有错,但按照俗风来说,你们是做错了。"

"请先生指点。""俗话早有'做九勿做十'的告诫,也就是说,年轻时,可以按十的实际岁数庆贺生日外,一般过了五十岁就不能在这个整数年纪做寿了。因为按中国传统算法,'十'是个满数,如果年纪大的人在这时候做寿,那也就意味着他的寿命也'满'了,所以不能选择在满数做寿。正确的处理方法应该是在'九'数的年龄上做寿,九,是个奇数,不满顶,又可无限地大。如五十九、六十九、七十九等叫明九,还有一种暗九,如七十二、八十一等,它是九的倍数。在这个年龄做寿,也叫'过关口''化劫'。"

从此以后,"做九勿做十"就成为宁波一带老年人庆贺寿辰约定俗成的生日习俗了。

选自《中国民间故事丛书·宁波镇海卷》

滕占能　搜集整理

六十六岁吃六十六块肉

"六六"在老宁波是个吉利的数字。旧时,在活过三十六岁就已算活过了"本寿"的年纪,六十六岁已经算是高寿,人活到这个吉利年纪也不太容易。尤其是以前俗语有"七九六十三,不死鬼来搀"的说法,六十六岁已过了这"劫难"年三年,又有"人生七十古来稀",六十六岁离古稀也只有四年的时间了,而偏偏还有"年纪六十六,阎大王请你去吃肉"的俗语。

于是,六十六岁,被老宁波世俗认为是人的一道生死坎。到了这个年龄,老人和子女都比较紧张,平时对老人的吃食住行加倍关照,给年满六十六岁的老人做寿也是特别重视,也有个特别的做法,俗称"六六寿",以此为父母祈祷驱灾禳难避祸,祝愿他们康乐长寿。送六十六块肉的日子,一般选在父母"六六"生日这一天。

六六寿的特别做法是:要由出嫁的女儿为父亲或母亲贺寿,贺寿的礼品主要是六十六块肉,以此报答父母亲的养育之恩。讲究的是购买肉时,只能是一刀肉,就是一刀切下来,有多少是多少,不添不去,不能计较斤两。有的地方是买六斤六两肉,有的则是买六块六角钱的肉,取六六大顺之意,图个吉利。六十六块肉的做法是:将一刀切下来一块猪肉切成豆瓣那么大小的六十六块,俗称"豆瓣肉",红烧后盛到碗里,连同长寿面和一双筷子一起放到食篮里,用红布遮盖,送到娘家,给父亲或母亲食用;也可以根据寿星的口味灵活变化,不用红烧,改用别的烹调方法;如果父母是吃素的,也可以用豆制品素几或豆腐干代替,但必须是六十六块。女女给寿星父亲或母亲送肉时不能直接进屋,只能从窗口递进去;放长寿面和盛肉的盆、碗要拣"缺牙"的碗,据说用了"缺牙"碗,老人日后无缺陷,吃了六十六块肉,就能六六大顺,平安度过六十六,得以长寿。

"六十六,要吃女儿送的六十六块肉"习俗起源也有一个传说:古时候浙东大地上有个孝顺的姑娘嫁到了一个很远的地方,她日夜思念母亲,由于路途遥远,一直没有机会回家探望。这年,母亲66岁,她与丈夫及公婆商量回家探母,公婆答应了。夫妻二人买了一块猪肉,到娘家那天,就是老娘的66岁生日。街坊邻居见她带肉给母亲祝寿,都夸她孝顺,不愧是娘身上掉下来的肉。

慢慢地,这个风俗就流传了下来。老太太们常说:"吃到女儿一块肉,活到百岁庆大寿。"

滕占能　搜集整理

04

传统节俗篇

恭贺新年的来历

从前，我们浙东一带的老百姓，在正月初一遇见熟人——邻居、亲戚、朋友，都要双手抱拳，打躬作揖，嘴里都说"恭喜恭喜"！这个风俗是怎么来的呢？大家又在恭喜什么？原来他们彼此恭喜的是昨天夜里都没有被"年"吃掉。

据说，古代有一只独角四足的恶兽——年，"年"长得硕大无比，而且生性凶残。只要谁惹恼了它，它一定会张开那张血盆大口，一口把他给吃掉。同时，"年"也很懒，它喜欢睡大觉，一睡就是三百六十五天，当它从睡梦中醒来的时候，总是感觉肚子咕噜咕噜地叫个不停。这时候，它就下山来到村子里，见到什么就吃什么，就连那些住在村子里的老人和孩子都不放过，等肚子填饱以后，它才会满意地一摇一摆地走回家去继续睡大觉，然后在下一个三百六十五天后醒来，继续下山找东西吃。就这样，这只"年"兽，年复一年地来到村子里吃人，弄得大家人心惶惶。

有一年除夕，桃花村的人们正急急忙忙上山避难，从村外来了个乞讨的老人，只见他手拄拐杖，臂搭袋囊，银须飘逸，目若朗星。乡亲们有的封窗锁门，有的收拾行装，有的牵牛赶羊，到处人喊马嘶，一片匆忙恐慌景象。这时，谁还有心关照这位乞讨的老人。只有村东头一位老婆婆给了老人些食物，并劝他快上山躲避"年"兽，那老人捋髯笑道："婆婆若让我在家待一夜，我一定把'年'兽撵走。"老婆婆惊目细看，见他鹤发童颜、精神矍铄、气宇不凡。可她仍然继续劝说，乞讨老人笑而不语。婆婆无奈，只好撇下家，上山避难去了。

半夜时分，"年"兽闯进村。它发现村里气氛与往年不同：村东头老婆婆家，门贴大红纸，屋内烛火通明。"年"兽浑身一抖，怪叫了一声。"年"朝婆婆家怒视片刻，随即狂叫着扑过去。将近门口时，院内突然传来"砰砰啪啪"的炸响声，"年"浑身战栗，再不敢往前凑了。原来，"年"最怕红色、火光和炸响。这时，婆婆的家门大开，只见院内一位身披红袍的老人在哈哈大笑。"年"大惊失色，狼狈逃窜了。

第二天是正月初一，避难回来的人们见村里安然无恙，十分惊奇。这时，老婆婆才恍然大悟，赶忙向乡亲们述说了乞讨老人的许诺。乡亲们一齐拥向老婆婆家，只见婆婆家门上贴着红纸，院里一堆未燃尽的竹子仍在"啪啪"炸响，屋内几根红蜡烛还发着余光……欣喜若狂的乡亲们为庆贺吉祥的来临，纷纷换新衣戴新帽，到亲友家道喜问好。这件事很快在周围村里传开了，人们都知道了驱赶"年"兽的办法。

从此每年除夕，家家贴红对联、燃放爆竹，户户烛火通明、守更待岁。初一一大早，还要走亲串友道喜问好。

张家挺　口述

滕占能　搜集整理

新桃何时换旧符

新春佳节，我们浙东地区家家户户送旧迎新之际，都会在门板上贴一幅红纸对联，内容多是祈求吉祥之辞，既表达美好愿望，又渲染欢乐气氛。此联俗称春联，这贴春联的习俗是怎么来的呢？

相传在很久以前，在东海的度朔山上有棵很大的桃树，根向四周伸开，方圆足有三千里。桃树的东北一头有一根拱形的枝干，弯弯的树梢挨到地面，就像一扇大门。度朔山上住着各种魔鬼，经常通过此门出山来伤害凡人。天帝知道此事后，就派神荼、郁垒两个神将把守，如果有恶魔出来，就把他们抓去喂老虎。魔鬼知道神荼、郁垒住在桃树洞里，从此不仅不敢出来伤害凡人，甚至见到桃树也害怕。老百姓知道魔鬼怕桃树，就用桃木雕成神荼和郁垒的像挂在自己的大门上，用来驱灾压邪，保护家人的平安。这种用桃树制成的木条就叫"桃符"。《六贴》中记载"正月一日，造桃符著户，名仙木，百鬼所畏。"人们为了不使桃符因风吹日晒而褪色，保住其功力，每年的岁末都要换上新的桃符，也就有了"总把新桃换旧符"的节日气氛。

后代，春节写春联的习俗脱胎于古代换旧符的风俗。公元964的除夕，蜀国后主孟昶与文人赋诗时所写"新年纳余庆，佳节号长春"之句是我国最早的一副春联。从此，贴春联便成了一种较普遍的习俗。但是，改用红纸书写春联则始于明朝。据说朱元璋在明初的一个除夕曾传旨："公士卿庶家，须加春联一副"以表示一番新气象。第二天他微服出巡，看到家家都贴上了红光闪闪的春联，心中十分高兴。偶然发现一户人家未贴春联，询问得知这户人家因无人会写字，又请不到人写，朱元璋就根据户主阉猪的职业亲自写下了

"双手劈开生死路,一刀割断是非根"的春联。从此春联的流传更加广泛并成为年俗之一。

直到今天,春联仍是重要的年俗之一,并仍然保留了原来避灾驱祸、求得庇护的意义。

陈望林　口述
滕占能　搜集整理

分压岁钱习俗的由来

对儿童来讲，除夕岁朝的"过年"之乐，不仅在于放鞭炮、走亲戚、尽情戏耍，还有一道压轴节目：从长辈处得到一份甚至几份压岁钱。

虽然压岁钱对人们来说是司空见惯的，但为什么过年时尊长要给晚辈发压岁钱，"压岁"的含义又是什么，很多人却不甚了了。有人望文生义，说："压岁"是借助钱力压住小儿岁数。显然，这与长辈多期望子孙赶快长大、建功立业的心态是相互矛盾的，这种解释无法让人接受。

在浙东慈溪龙山，送压岁钱的习俗由来已久，以前是在每年除夕的时候送，后来慢慢地发展成过年期间送。长辈给小辈压岁钱成了每年过年小孩子最期待的事情之一，此习俗现在还在当地广泛流行。

据说，送压岁钱的由来还有一个传说。从前有个叫"祟"的妖怪，专在除夕之夜出来抓小孩子，它在年三十专门用手摸熟睡的孩子额头，使孩子受惊，以至发热、啼哭，从此，聪明伶俐的孩子就变成个痴呆儿。在宋代有一对夫妇无意中在除夕用红线串了八枚铜钱逗小孩子玩，玩累后，把一串铜钱压在枕头边，但夫妇俩却不敢合眼，点亮灯火坐在床边守护，半夜里一阵阴风吹灭灯火。"祟"妖进屋，当手伸向孩子时，孩子枕边那串铜钱发出铮亮的闪光，吓得"祟"妖尖叫一声，急忙遁逃。从此"祟"不敢降灾于天下小孩子。原来这八枚铜钱正好暗合八仙之数，法力无边，能镇妖除魔。

从此，每逢除夕，长辈就给小辈发压岁钱，保佑其岁岁平安。后来，经过世世代代的演变，就成了每逢春节过年，长辈会给小辈一个红包，让其在大年之夜把红包放在枕头底下，俗称"压岁"。走亲访友过程中，长辈也会给小辈一个红包，这些都称"压岁钱"。

余华达　搜集整理

贴门神祭灶神

门神驱邪镇鬼的传说在宁波农村中广为流传，旧时每到年关，就有一批分发门神的人，挨家上门分发门神，人们把门神贴在门上，左边为唐代武将秦叔宝，右为尉迟恭，人们祈求门神菩萨保佑一家平安。中华人民共和国成立后已用贴年画、对联和福字代之。

古代时春节贴门神十分普及，大家认为门神菩萨能保佑一家平安，因此一到年关，就有专门的一伙人分发门神，门神是中国民间贴在门上的神像。门神的画像一般有三种，第一个以武将为题材的门神是直接印在门上的，那是西汉时代，一位王爷久病不愈，心想快些痊愈，命人在殿门上画一位勇士像，据说叫成庆，意在借勇士的威风，驱走病魔。可是民间对成庆并不了解，而较熟悉尉迟敬德和秦叔宝的神像。传说唐太宗患了怪精病，每当入睡后，常听有鬼呼叫，导致他每夜失眠。太宗身边有两位猛将，一个是勇猛无比的尉迟敬德，一个是战无不胜的秦叔宝。两将军自愿戎装守门，鬼再不敢来。于是太宗命画工绘二将画像悬贴于宫门，从此平安无事，唐太宗也很快恢复了健康。二将能镇鬼的故事传到民间，人们将二将画像尊为神画贴在门上，一直到现在还有人在贴。

祭灶，先秦时就是重要祭礼"五条"之一，祭灶的日期，历来说法不一。旧时有正月、四月、五月、八月、十二月等几个说法，后来逐步演变，慈溪一带都定在腊月廿三日。据说灶君菩萨每年要上天一次言人善恶，因而祭灶的这一天，家家都要将灶台、灶头桌、锅碗瓢盆冲洗得干干净净。在灶神像旁边贴上对联"上天好事，下界保平安"，并在灶前供上一盘汤圆、年糕、燥豆等贡品，希望灶君菩萨吃了贡品以后，上天到玉皇大帝面前美言几句人间善事，请玉皇大帝赐给人间一年的平安。人们在这一天送灶神上天，因而这一天的祭祀活动叫"送灶"。几天后，灶神又从天上回到下界，再祭祀一次，叫"接灶神"，灶头上贴上新的灶君菩萨像。至此，整个祭祀活动才算完成。

余华达　搜集整理

倒贴"福"字的习俗

每逢新春佳节,此时大地回春。春节是中国最大的传统节日。春节不仅是一天,一般都要延续到正月十五,甚至到正月底,活动也极丰富,如买年货、写对联、做年糕祈求人们富贵平安,亲人团聚。春节外出者纷纷归来,家家户户要吃团圆饭、杀鸡喝酒,以示家族的团结、和睦、相亲。不论穷富人家,都要在屋门上、墙壁上、门楣上贴上大大小小的"福"字。

春节贴"福"字,是我国民间由来已久的风俗。据《梦粱录》记载:"岁旦在,迩席铺百货、画门神桃符、迎春牌儿……士庶家不论大小,俱洒扫门间、去尘秽、净庭户、换门神、挂钟馗、钉桃符、贴春牌、祭祖宗。"文中的"贴春牌"就是写在大红纸上的"福"字。

民间为了更充分地体现这种向往美好的祝愿,祝愿人们世代的幸福,祝愿家家快乐、无病无痛、事业成功、企业发达、商店兴旺,干脆将"福"字倒过来,表示"幸福已到""福气已到"。为了福字倒贴,明代时洛阳城内一户姓姜的平民差点被满门抄斩。

传说明太祖朱元璋当年用"福"字作暗记准备杀人。好心善良的马皇后为消除这场灾祸,令洛阳城内大小人家必须在天明之前在自家门上贴上一个"福"字,因马皇后关心民众疾苦,平时在人们心中很有威望,马皇后的旨意自然没人敢违抗,于是家家门上都贴了福字,其中有户姜的百姓不识字,竟把"福"字贴倒了。第二天,朱元璋听了禀报大怒,立即命令御林军把那家满门抄斩,马皇后一看事情不妙,忙对朱元璋说:"那家人知道你今日来访,故意把福字贴倒了,这不是'福到'的意思吗?"朱元璋皇帝一听有道理,便下令放人。一场大祸终于被消除了。

从此人们便将福字倒贴起来,一求吉利,二为纪念马皇后的爱民之心。每年春节,家家户户在门上倒贴福字,流传至今。

余华达　搜集整理

百果羹

春节期间，宁波一带的家家户户都爱吃上一碗甜蜜的"百果羹"，来庆贺新年和合家欢乐。但你可知道介好吃的东西最早是谁煮出来的吗？

据说，唐朝时，有个外地女子，卖身在镇海一户大户人家当丫头。这家主人有个习惯，每年正月十三上灯之夜，必定要带上全家上街观灯，留她管家看门。那一年又逢正月十三，丫头遵照主人吩咐，边干些杂活，边等主人看灯回来。谁晓得这年的灯特别盛，主人家一直看到三更还没回来。那丫头从腊月里忙到今天，身子疲倦，肚子饥饿，但又不敢睡下，真想吃点东西来解饥提神。可主人家的一菜一饭、盆盆碗碗他们临出门时都曾一一清点过目，是不能随便乱动的。不吃吧，现在正是寒月严冬，咋熬到天亮呢？

丫头在厨房里找了起来。桌上有主人"祭灶"时用过的十几盘果品。她想，这些供品个数多，我如取它几个吃吃，主人是难以发觉的。于是她在红枣、黑枣、桂圆、胡桃、李荸、金柑、印糕、红蛋八种果品盘中各拿出几个，有皮的去皮，有核的去核，无皮无核的切成小块，撒些桂花放些糖，加点山粉拌浆，一起放进锅里煮了起来。

不料，刚刚烧熟，主人回来了，问她："你在烧啥？"丫头说："煮些点心。""啊？"主人光火了，"好大胆，竟敢背着主人偷煮东西吃，那还了得！"丫头一见不妙，急忙转口说："都后半夜了，我是为老爷你才烧的。"主人一听，才息了怒，因为他也正好感到肚饥呢！他上前揭开锅盖，见里面白花花、糊黏黏的，奇怪了，问："这是啥点心？"丫头顺口答道："八果羹。"主人从未听说过这种名堂。又问："好吃吗？""当然好吃！"丫头说："羹里有红枣、黑枣，吃了全家安好；还有桂圆、胡桃，吃了招财进宝；加上金柑、红蛋，吃了百病消散。"主人大喜，端起碗来就吃，觉得香气扑鼻，清甜鲜口，既解饥，又提神，啧啧连赞好吃好吃："可惜煮得太少了点。这样吧，你赶紧再煮些，让全家人都吃上一碗，你吗，也留点镬焦尝尝味道。"

从此，年年正月十三上灯夜，这家就要丫头煮"八果羹"给主人们吃。因为这羹是丫头煮出来的，所以，也叫"丫头羹"。后来，不知怎么传开去了，家家户户都吃起来，形成了风俗。

选自《中国民间故事丛书·宁波镇海卷》

滕占能　搜集整理

正月十四请厕姑

旧时,宁波慈溪一带,在正月十四晚上,十七八岁的姑娘早早吃过晚饭,一起来到屙缸边,点一炷香,请屙缸姑娘(厕姑)到自己家里去。她们用扶乩在盘上画字的方法,向厕姑问婚姻,问前程,还非常灵验呢。说起这个厕姑,据说还是姜子牙封的。

商末周初,姜太公封神前,正邪两派为了争封打得异常激烈。赵公明的三妹有勇有谋,召集一批小兵小将,用马桶套在邪神申公豹的头上,把邪神打得落花流水。收兵后,姜太公给各路神仙封了官职,却把赵家三妹的功劳忘记了。三妹见自己榜上无名,十分生气,便找姜子牙评理。姜子牙有点过意不去,想了想说:"哦,有你的封,我封你为屙缸姑娘神,今后人间有淹死、病死、自尽而死的姑娘都归你管。"三妹虽然不太乐意,想想自己大小被封了个神,也就认了。

以后,每年正月十四夜,姑娘们趁男男女女上街看灯的机会,把屙缸请到家里来问卜,据说屙缸姑娘还是"有求必应"呢!

滕占能　搜集整理

正月半，照五角

"正月半，照五角"的风俗在浙东一直很盛行，从明清到中华人民共和国立前一些商家和富裕人家都在搞。正月十五夜里，街上在闹花灯，小孩子一般不允许上街，而待在家里照五角。在大人的指导下，小孩子提着一盏小灯笼，灯笼里点亮蜡烛，在屋里东照照，西照照，嘴里还不断念叨童谣："正月半，照五角，角角落落都照到，照得缸缸满，甏甏满，蛇虫百脚照出去，金银财宝照进来。"照五角须把屋子里的东、西、南、北、中五个方位全都照遍，才算完成。

这"正月半，照五角"的习俗是怎么来的呢？据说，与几个大财主有关，他们是沈万三、盛才招、裘如芳。

照五角的风俗起源于沈万三，他是江南乌镇人，出身贫苦，但他家三代行善，获得福报。沈妻在中秋晚上室外喝茶，他们用月华手在太湖里捞到一只聚宝盆，得到大量金银，成为元末明初江南第一大财主。沈万三在元宵节晚上提灯照看仓库、笼箱、缸甏，见金银、粮食等都盛满了，非常高兴。这事传到外面，有人说沈万三的财物是正月半照五角照来的。于是，人们纷纷看样，这样一直流传到浙东。

晚清时，骆驼桥的盛才招因把父亲遗骸葬到风水宝地，又做善事，获得义母九娘娘万石粮食的支援，拯救镇海骆驼一带灾民度过荒年，救活了万民。他在九位义兄支持下造起大厦，多助金银，发展商业，遂成富翁。据说，他在元宵节晚上也照五角。

慈溪龙山山南裘墅的裘如芳也是个大财主，有民谣：山南裘如芳，撒屙撒尿用箫唱，桂花茶叶生火缸，三个丫头塞裤裆，三北还开三爿当，侬看风光勿风光。裘如芳的当店里正月十五晚上也一直照五角。因此，这个风俗在慈溪三北一带流行至今。

滕占能　搜集整理

祭绣花娘子

从前,宁波塔峙岙有座华岩寺,寺里有尊绣花娘子塑像。每年农历二月初二是绣花娘子的生日,远近的姑娘带着自己的绣品去祭拜绣花娘子,说是拜过以后,人会乖起来,手会灵巧起来,能绣出好花来。

相传老早辰光,塔峙方家有户人家,母女两人相依为命。母亲在华岩寺里干些杂活,赚些辛苦铜钿;女儿聪明伶俐,每天在家绣花,绣出的龙和凤活灵活现,像会飞一样,四乡八村的姑娘都赶来向她学艺。她待人热情,耐心帮教,大家尊称她"绣花娘子"。

同村有个恶少爷,见绣花娘子长得介漂亮,暗暗打着坏主意。他到绣花娘子家里,要她绣一件袍,说是隔日来取,绣花娘子见来者不善,只得连夜赶绣。可是恶少爷绣了袍子又要绣裤子,天天纠缠不休。有一日,恶少爷竟动手动脚,被绣花娘子赶了出去。绣花娘子的母亲得知此事,叫女儿到华岩寺与自己同住。

狼心狗肺的恶少爷在绣花女身上占不到便宜,恨之入骨,乘一个黑夜,把火烧掉了华岩寺偏房,可怜的孤母寡女就这样惨死在恶少爷手里。

人们怀念绣花娘子,集资重建了华岩寺偏房,塑了绣花娘子像。每年农历二月初二,姑娘们在塑像前插香祭拜,报学艺之恩,并将自己的绣品供在案桌上,请绣花娘子鉴赏。

选自《中国民间故事丛书·宁波北仑卷》
滕占能 搜集整理

寒食节禁火的由来

寒食节也称"禁烟节""冷节""百五节",在夏历冬至后一百零五日,清明节前一二日。是日初为节时,禁烟火,只吃冷食。并在后世的发展中逐渐增加了祭扫、踏青、秋千、斗鸡等风俗,后来因为寒食和清明离得较近,所以人们把寒食和清明合在一起,只过清明节。

传说春秋时代,晋国(今山西省)国君晋献公有五个儿子,申生是晋献公第一夫人生的,被立为太子。晋献公的后夫人俪姬为了让自己生的儿子美开当太子,阴谋害死了太子申生。为了避免后母骊姬的迫害,公子重耳、夷吾分别逃往国外。晋国贤臣介子推(又叫介之推)等不畏艰难困苦,一直跟随重耳过流亡生活。

有一年,重耳在断伙绝粮的流亡生活中生了大病,贫病交加,十分困苦。为了给重病体弱的重耳增添营养,介子推把自己腿上的肉割下来煮成肉汤给重耳吃,使他恢复了健康。重耳在狄国、齐国、秦国流亡十九年后,在秦国国君穆公的帮助下,兴戎起衅,打败了已当上晋国国君的公子圉(重耳的异母兄弟),得立为晋国国君,史称晋文公。

重耳当上了国君之后,对跟随他流亡过的人都按功封官行赏。可是,唯独把对他有特殊帮助的介子推忘记了。介子推背着年迈的母亲,到家乡绵山(今山西省介休市东南)隐居去了。介子推的手下人知道了打抱不平,在宫门上贴了一张无名帖,上面写着:"有一条龙,奔西逃东;好几条蛇,帮它成功。龙飞上天,蛇钻进洞;剩下一条,流落山中。"晋文公看了恍然大悟,他回想起在流亡国外期间,介子推对自己忠心耿耿,如今自己做了国君忘记了对他奖赏,心里非常不安。接着，重耳赶紧派人找介子推。

不久，差人禀报：介子推已进绵山隐居了。深感惭愧的晋文公亲自带人去绵山寻找，然而介子推却避而不见。晋文公知道介子推是个大孝子，他根据别人的建议，火烧绵山，留出一条小道，料想林中起火后，介子推母子定会出山避火的。可是，一连烧了三天三夜，数十里森林被火烧为焦土，仍未见介子推母子的人影。

大火熄灭之后，人们发现他母子双双抱住一棵大树，被烧死了。晋文公对此内疚于心，十分惋惜，便下令把介子推母子葬于绵山，改绵山为介山，并修建子推祠堂。后人又把界休县改为介休县。

介子推死的时候，正值清明节的前一天。因为他是被火烧死的，晋国人为了纪念他，就在他逝世那天不举烟火，进冷食，后来，人们又干脆把它定为"寒食节"。

到了唐朝时，寒食节与清明节合并，寒食禁火习俗逐渐消失。

滕占能　搜集整理

清明戴杨柳的来历

宁波人有个风俗，每逢清明节，小孩子总要用杨柳条盘成圆圈戴在头上玩，说是"清明戴杨柳，下世有娘舅"。这句话的出典还在春秋列国时候呢！

传说列国时候，连年灾荒，百姓要逃荒要饭。晋国有个王子名叫重耳，也在东奔西走逃难，饿得只差一口气了。跟随重耳的有个忠臣叫介子推，为了救重耳，把自己腿上面的肉忍痛割下来，烧成肉汤给其补身体，然后背起老母到深山隐居去了。

过了许多日子，登上王位的重耳想起介子推，就到处打听，想叫他出来受功，重新做官。后来听说他进山隐居了。那时的深山野岙，虎狼出没，不好找，重耳就叫人用火烧山，想把介子推逼出山来。介子推隐居心坚，见火势迫近，就背着老母，一起烧死在一棵杨柳树下，那天刚好是清明节。

后来，为了纪念介子推的清白亮节，每逢清明节那天，我们宁波人就折来杨柳条，插在头上，用这个办法来表示对介子推的怀念。

朱明贤　口述
滕占能　搜集整理

清明上坟为啥要吃麻糍

阿拉宁波人清明上坟要吃麻糍，这是有来历的。

很久很久以前，人都有尾巴。尾巴有十节，黄了九节人就要死了。人看到自己的尾巴第九节开始黄了，知道快要死了，就自己到山里挖个洞爬进去等死。还没死之前吃东西，就用糯米揉糊做成麻糍被，上面撒上松花，带进洞里盖在身上，肚皮饿了就拉起咬一口。活着的人见他已经死，就把洞封好，一代接一代。

有一个部落首领，他年纪轻轻就发觉自己的尾巴黄了九节，没办法，也只好挖洞，带着麻糍被去等死，勿晓得他一等等了一百年，他子孙给他送去的麻糍被他吃了一条又一条，最后总算死了。大家见他长命，就把他吃剩的麻糍被分着吃，这些人吃了果然也长命了。从此，他的子孙每年清明节都做好麻糍被去上坟，上好坟就分着吃。

这个习俗就一直流传到今天。

选自《中国民间故事丛书·宁波镇海卷》

滕占能　搜集整理

三月三走沙滩

古历三月初三，象山石浦、昌国一带百姓都要到昌国东门外的沙头走一趟，嬉一嬉，叫作"三月三，走沙滩"。

古时候，昌国东沙脚岩头洞里住着一只直径一公尺多的乌龟精。乌龟精有妖法，三天两头兴风作浪做大水，稻田被冲掉，房屋被冲倒，人被淹死，害得多少人没吃、没住，讨饭过日脚。当时，昌国卫城里住着九条龙，听到东沙角乌龟精残害百姓，决心要寻个机会把它除掉。

一日，乌龟精又发妖性，海上随即起了风浪，海水像小山样漫过来，往村庄里灌过去。村里老老小小，叫天叫地，叫爹叫娘，一片哭声。哭声惊动了昌国卫的九条龙，龙晓得这乌龟精在作怪，便"呼"的一声飞到沙滩头，对乌龟精讲："孽种！今日阿拉奉玉帝之命来柯你，送你到阎王殿去！"讲完，九条龙一起扑上去围牢乌龟精，乒乒乓乓地打起来。打打了九九八十一日，乌龟精瘫在沙滩上，呼噜呼噜气透透，动都勿会动了。九条龙中的小九龙看准机会，"呼"一声，腾飞到乌龟精背脊上把乌龟精按住。

潮水退掉了，乌龟精一点一点陷进了沙滩。小九龙呢，困在沙滩上，也勿会动弹了。乌龟精越陷越深，最后陷到沙滩地下去了。按在上面的小九龙呢？变成了一条长长的沙堤。

九龙和乌龟精打斗这日，正好是古历三月三。后来，百姓为了纪念小九龙，每年这一日，便带了供品，结队来到东沙角去祭拜它。这样一年一年传落来，便变成现在的"三月三，走沙滩"的风俗了。

选自《中国民间故事丛书·宁波余姚卷》

滕占能　搜集整理

立夏称人由来的传说

老早子，宁波大地上就有立夏称人这一习俗，相传这与孟获和刘备之子刘阿斗有关。

据说孟获自从被诸葛亮收服，归顺蜀国之后，对诸葛亮言听计从。诸葛亮临终前再三叮咛孟获每年要来蜀国看望蜀主一次。在接受嘱托之后，孟获马上去看了阿斗。而诸葛亮嘱托孟获去寻蜀主的日子，正好是这年的立夏辰光。从此之后，每年立夏，孟获都交关准时，遵守承诺来看望阿斗。

交关多年过去了，晋武帝司马炎把蜀国打掉了，阿斗也被其抓走了。孟获从来没有忘记诸葛亮的话和其许下的承诺，每年立夏这一日都带着兵马去洛阳看望阿斗，每回去都要称阿斗的重量，这样其就知道阿斗在这里过得好勿好，有勿有被晋武帝亏待。其说，如果晋武帝待阿斗勿好，就要起兵反晋。晋武帝为了不惹孟获光火，就在每年立夏这天，用糯米加豌豆煮成饭给阿斗吃。阿斗见豌豆糯米饭又糯又香，就会吃得交关爽快，肚肠塞满。孟获进城称人，每回都比上年重几斤。就这样，阿斗在晋国也过得清净安乐，福寿双全。

立夏称人给阿斗带来了福气，于是就有了"只要在立夏这天称过体重后就不怕夏季热煞人的天气，人也不会消瘦，否则就要生毛病"的说法。

选自《中国民间故事丛书·宁波海曙卷》
滕占能　搜集整理

立夏吃君叠羹

相传很早很早以前,宁波东乡一带,每逢立夏过节,家家户户都喜欢用君叠"加上笋丝、咸菜做羹,虽算不上筵席佳肴,但自古至今,小孩吃了立夏"君叠羹",身子像君叠那样精光的滑,热天勿生痱子。"君叠",学名甜菜,有的地方叫女菜,宁波人叫"君叠",却有一番来历。

传说金兵进犯北宋,小康王离开京都南渡而逃,金兵穷追不休,直追至宁波平原稻区。这时,康王片甲不剩,只身独行。当时正是立夏插秧季节,茫茫大地无处藏身。正在危险之际,只见远处篱笆园内,有一位农家姑娘,蹲在地里剥菜叶。康王急忙跑上去揖救援。姑娘抬起身来,望着这位汗流满面的白脸书生,羞怯怯地问明来由,就做了个手势,叫康王躺在地坑里,用甜菜叶盖在康王身上。当追兵赶来问她,姑娘手指前方答道:"往那个深山竹林里逃去了!"追兵过后,姑娘扶起惊魂未定的康王,康王感恩万千之下,道出了自己的身世,并约定重新登基之日,叫姑娘把围身布襕挂在家门口,作为皇上御史寻找的记号。

第二年,小康王在临安重新登基了,改国号为南宋。第一道诏书就是派得力大臣到宁波东乡寻访菜园姑娘。可是东乡一带家家户户门前都挂有布襕,口口声声都说救过康王。原来,那个姑娘当时回家后把这件事一五一十告知了爹娘,偏巧隔壁算命先生偷听了,他到处传播,以此骗取钱物,发了大财,却误了姑娘救驾之功。大臣回京复旨,康王百思交加,不得已之下,再次传诏,凡宁波一带，不分平民百姓，所娶妻子都封为一品诰命夫人。姑娘出嫁可穿戴凤冠霞帔，坐八人大轿，后因乡间路狭，改乘四人大轿。

为了纪念这个日子，甜菜改名为"君叠"。立夏吃"君叠羹"是为讨个吉利。

选自《中国民间故事丛书·宁波鄞州卷》
滕占能　搜集整理

立夏海蛳拄脚骨

立夏，浙东沿海百姓家家户户兴吃海蛳拄脚骨。

相传，古老时候，大梁山下住着母子二人。有年旱灾，颗粒无收，连第二年的种子也断了。勇敢的儿子，外出找种子翻山过海，日复一日，呒归来，母亲日盼夜望。一日，在索洋港，母亲看到儿子昏倒在海滩上，手里提着一袋种子，口中念着："酸呀，酸呀！"母亲含着眼泪把儿子背回屋里。

晚上，母亲梦见一个鹤发童颜的老人，手执刷鞭，飘到她跟前说："你儿子气虚体弱，手软脚酸，吃海蛳会好。"海蛳肉透鲜、味道好。儿子吱吱吱吱吃了两大碗，果然精神恢复，脚手也健了。

这日正好是立夏。立夏是夏季开始，人们总是手软脚酸。大家听说吃海蛳能使脚手轻健，都学着吃啦。

从此，浙东沿海一带，每年立夏，就有吃海蛳拄脚骨的习俗。

选自《中国民间故事丛书·宁波宁海卷》
滕占能　搜集整理

端午挂菖蒲

在宁波地区，每逢五月初五端午节，家家户户都喜欢在门上挂碧绿青翠的菖蒲，这是为啥呢？

据说在乾隆年间，有一年天下大旱，一滴雨呒没落过，大地全都干裂了，只有一份姓李的人家种的草药菖蒲还算精神。药农家的媳妇叫珊英，人生得漂亮，也交关能干。五月初四这天，珊英忖明天就是自家生日，有钱人家要是这辰光过生日，一定办得交关闹热，可是我屋里介穷，咋样也能弄得闹热一些呢？正想着，忽然听到药田里传来铁锹铲土的声音，其看了一眼，顿时眼睛一亮，公公种的菖蒲在这样干旱的天气还碧绿骨挺，我可以把其挖起来挂在门口，以求吉祥啊！

第二日，珊英把菖蒲洗过以后挂在家门口，还写了一首诗贴在旁边：自嫌薄命嫁穷夫，今日端午件件无；莫叫佳节错过去，聊将清水洗菖蒲。珊英的男人是个秀才，却屡试不第。其夜快回屋里，看见老婆挂的菖蒲作的诗，自觉对不住老婆，连门也没进，就忖去借钱给老婆过一个生日。

走了半袋烟工夫，抬头看到田埂上有一头老黄牛，秀才看看路边没人，就上去牵走了牛，呒没走出三亩田路，牛主人就追上来把秀才拖住去见知县了。知县见是一个秀才，也没马上把其拖下去打板子，就问其原因。秀才含着泪，把自家贫困、老婆贤淑、挂菖蒲作诗的事讲了。知县勿大相信个农妇会作诗，就叫把珊英传来。珊英到了公堂，看见秀才踞在一边吓了一跳，只听知县问："这首诗真是侬写的？"珊英回答："禀大人，是民女作的，不知犯了什么法？"知县讲："妇人不知，犯法的巫师侬这首诗，而是侬男人。其怜侬受其所累日子贫苦，竟然去偷人家的牛，读书人做出这样的事，天下耻笑。"

珊英听了眼泪水答答滴，讲："知法犯法，罪上加罪！"秀才一句话也讲不出。知县看他们这样，心忖要是把秀才关起来，这农妇一家怕是没法生活了。其有了一个主意，对珊英讲："侬既然会作诗，本官现在命你即刻作来，做得好，本官就给伊一个机会。"珊英脱口而出："滔滔江水向东流，难洗今朝满面羞；家贫理应志不穷，郎君怎可偷耕牛。"知县听了哈哈大笑，讲："侬虽为农妇，却有如此肚才，本官念侬男人也是读书人，一念之差犯下错误，这次就从宽处理。"珊英和秀才赶紧拜谢知县。知县又拿出五十两白银，帮助秀才进京赶考。

挂一把菖蒲竟能引出这样一段事，从此每逢端午门口挂菖蒲的人家越来越多，大家觉得吉祥又好看，就渐渐形成了风俗。

选自《中国民间故事丛书·宁波海曙卷》

滕占能　搜集整理

端午节喝雄黄酒

五月初五是端午节,在这一天宁波地区的老百姓一般都会把雄黄倒入酒中饮用,并把雄黄酒涂在小孩儿的耳、鼻、额头、手、足等处,希望如此能够使孩子们不受蛇虫的伤害。说起端午节喝雄黄酒的来历,这还与我国古代四大民间传说之一的《白蛇传》有关呢!

传说,有一条白蛇修炼了一千年,终于修成人形,化为美丽端庄的白娘子。另一条青蛇修炼了五百年,也化为富有青春活力的小青姑娘。她们二人结伴来到西湖游玩,当她们来到断桥时,白娘子在人群中看见一位清秀的白面书生,心中暗生情意。小青便悄悄地作法,降下大雨。白面书生许仙打着伞来到湖边乘船,正好看见白娘子和小青被大雨淋得很狼狈,许仙忙把自己的伞递过去让她们避雨,自己却躲得很远,任凭雨淋。白娘子看见许仙这样老实腼腆,心里更喜欢了,许仙也对美丽的白娘子产生了爱慕之情。在小青的撮合下,许仙和白娘子成了亲,并且在西湖边上开了一家药店,治病救人,乡亲们都很喜欢他们。

但是金山寺的法师法海却认为白娘子是妖精,会祸害民间。他悄悄地告诉许仙,白娘子是白蛇化身而成,还教许仙怎样识别白蛇,许仙将信将疑。转眼端午节到了,老百姓都喝雄黄酒避邪,许仙按照法海教的办法,逼迫白娘子喝雄黄酒。白娘子这时候已经怀孕,她推却不了许仙,喝了酒后,马上现出蛇的原形,许仙立刻被吓死了。白娘子为了救活许仙,不顾自己怀孕,千里迢迢来到昆仑仙山偷盗起死回生的灵芝草。白娘子与守护灵芝草的护卫拼命恶战,护卫被白娘子感动了,将灵芝赠给她。许仙被救活以后,知道白娘子真心爱自己,夫妻更加恩爱。

可是法海还是容不下白蛇在人间生活。他将许仙骗进金山寺，强迫他出家为僧。白娘子和小青非常愤怒，率领水族士兵攻打金山寺，想救出许仙。她们不断作法，引发洪水，金山寺被洪水包围，这就是传说中很有名的"水漫金山"。法海也大显法力，白娘子因为临产，打不过法海，只得在小青的保护下逃跑。当她们逃到断桥时，正遇上从金山寺逃出来的许仙。许仙与白娘子二人经过劫难，又在初逢的断桥相见，百感交集，不由得抱头痛哭。白娘子刚生下儿子，法海就赶来了，他无情地将白娘子镇压在西湖边的雷峰塔下，诅咒说，除非西湖水干，雷峰塔倒掉，否则白娘子永远也不能再回到人间。多年后，小青修炼得道，重回西湖，她打败了法海，将西湖水吸干，将雷峰塔掀倒，终于救出了白娘子。

滕占能　搜集整理

端午节与曹娥救父投江

五月初五，是我国传统节日端午节。关于端午节的传说有很多，在浙东一带，端午节有纪念东汉孝女曹娥救父投江的故事。

很久以前，上虞古舜江西岸的凤凰山下，有个不知名的小渔村。村里有个姓曹的渔夫，他一年三百六十五天，天天都在舜江上捕鱼。这渔夫有个女儿叫曹娥，年方一十四岁，生得美如天仙，又聪明绝顶，还是个远近闻名的孝女。

一年春夏之间，两岸连续大雨，舜江洪水暴涨。江上浊浪滚滚，卷起一个个巨大的漩涡，洪水淹没了滩涂。渔人盼大水又怕大水，涨了大水鱼虾多，但洪水汹涌危险大。曹娥她爸望着混浊的江水，再也憋不住了，有道是"浑水好抓鱼"，这是一年一度的鱼汛，怎么能错过。他理出渔网，撑出小船，打算出江去捕鱼。曹娥望着满天风云，劝爹不要去。爹说抓鱼日日有危险，只要小心就无事。曹娥见爹硬要去，央求爹同去，好歹也有个照应。爹说女儿不识水性，去了给他添麻烦，一定不让去。

爹去了，曹娥在家不放心，时时盼、刻刻望，只望爹爹平平安安早回家。直到日中太阳过了西，还不见爹爹来吃饭。她一次次跑到江堤上去望，但见江水茫茫，掀起层层恶浪，却不见爹的渔船。曹娥心里不安了，她沿江向上游走三里，转身又朝下游走六里，还没见到爹。太阳快搁山头了，曹娥急得拼命叫："爹爹，爹爹喂——"喊声招来几个她爹的伙伴，他们个个衣衫湿淋淋，大家见了曹娥都叹气，说他们一起在张网，突然一个大浪，把她爹的小船推进漩涡，让水冲走了。曹娥一听吓出了魂灵，大叫一声爹爹，拔脚朝下游追去。

天黑了，几个渔家叔伯伴着她，一再劝她先回去，说她爹水性好，恐怕已在下游上岸，歇在别人屋里，明天一定帮她找回来。曹娥不见爹，怎么肯回去，谁也劝不住。整整一夜,她在江边来回哭叫,没有一个乡亲不为她难受。

第二天村里人给她送来吃的,她不吃。人们陪着她沿江找,找了三天,仍不见她爹。曹娥沿江啼哭,哭了三天,眼泪哭干了。村里人又是劝,又是哄,想劝她回家。曹娥说,不找到爹,死也不回家。她不吃不睡,沿江哭了七日七夜,哭得眼里流出来的都是血。

第八天,曹娥望着江水,忽见一个大浪托起一个黑团,好像她爹在跟水搏击。曹娥一阵惊喜,果然爹爹水性好,还在水里游。她要救爹爹,帮他游上来,一声呼喊,纵身向江水扑去。

"曹娥跳进江水里了——"人们呼天抢地,纷纷奔去抢救。但见江水滔滔,哪里还有曹娥的影子。"天啊!好人为啥偏要遭这种噩运?"人们热泪满眶,围着江堤怨皇天。亲不亲,家乡情,村里人不忍心让曹娥父女葬身水底,分头沿江寻找他们的遗体。

又过了三天,江面风平浪静,江水清澈明亮,人们却在下游十多里的江面上,看到一股江水在盘旋,隐隐约约好像有人在游动。人们满怀希望赶过去,果见一男一女,背贴着背,女的反剪双手紧负着男的,原来正是曹娥和她的父亲。曹娥虽然死了,但她却能找回父亲的尸首,把他负到江堤边,人们都说这是她的孝心感动天。后来这个曹娥负父出水的地方就叫贺盘村。

曹娥的孝心感动了天,更感动了四周的乡亲,他们好生安葬了曹娥父女,又在曹娥跳水救爹的江边造了庙,塑了她的像,尊她为"孝女娘娘",还把渔村叫作曹娥村,把这条江改名曹娥江。每逢曹娥救父这一日,曹娥庙里都要举行盛大的庙会,各省各府都有来拜曹娥孝女娘娘的,许多人题词送匾赞扬曹娥的孝行。

直到现在,曹娥江不管水急潮猛,江水奔腾咆哮,一到曹娥庙前面,立即变得无声无息,仿佛愧对孝女,悄悄遁去,过了曹娥庙门口,才敢再发出响声,真叫人叹为奇迹。

据说,曹娥投江的那一天正是五月初五,因此,很多人将端午节视作怀念孝女曹娥的日子。

滕占能　搜集整理

夏夜回家喊"安知县"

旧时,慈溪三北一带夏天晚上乘凉结束回家时,老年人总要喊上两句"安知县",这个风俗是怎么来的?

据说很早很早以前,龙山伏龙寺香火不旺,僧众无米下锅,老和尚发愁。夜里,他梦见两条大蛇对他说:"你只要每天送一个佛婆到千丈岩下海边坐莲花,我就把大米送到寺后大石塌的捞米潭中,够你寺僧众一天食用。"老和尚醒来记忆犹新,便派徒弟四处宣传,说:"伏龙寺菩萨显灵,虔诚信佛的老婆婆可以坐莲花上西天。"

这一消息传开,许多信佛的老婆婆来登记,想上西天。第一天,老和尚选中一个肥胖的念佛婆,带至千丈岩边。根据蛇精约好的三记钟声一响,从龙山北面海上浮起一朵木莲花,颜色红得发紫。当莲花浮到山脚边时,一个强壮的小和尚抱起佛婆走下山崖去,把她放在莲花中间,花瓣慢慢闭拢,莲花浮至远处,一蓬青烟就不见了。有人感到奇怪,问老和尚:"上西天为什么不驾云,却到海里去了。"老和尚说:"上西天有三条路,孙悟空走的是天路,唐僧走的是陆路,佛婆走的是水路。"

从此,每天有佛婆上西天,伏龙寺和尚天天舀到满寺僧人吃一天的米。

做莲花上西天的消息传到镇海安知县母亲的耳朵里,她要儿子送她到伏龙寺去上西天。安知县劝老娘不要相信邪说,老娘大骂儿子不孝。安知县答应先去看一看,再给老娘报名。

第二天,安知县上龙山,见千丈岩上人山人海,钟声响过,果然海面上升起一朵莲花,浮将过来。小和尚抱起佛婆走下崖去。当他把佛婆放在莲花中间时，安知县发现佛婆脸色发青，眉头紧皱，好像非常痛苦似的，但她不能说话。少顷，莲花远去，一蓬青烟不见了。安知县想："上天成佛是好事，人应该高兴才是，为什么佛婆如此痛苦呢?"晚上，他叫来师爷商量，师爷告诉他在古书上看到"千年水底蛇，口吐木莲花"的句子。

于是，安知县命人杀掉一头肥猪，洗剥干净，去掉内脏，在肚中放上硫黄、火硝、尖刀、利刃……缝好肚皮，给猪穿上佛婆衣帽，并派人通知镇海县太夫人于某日来伏龙寺上西天。

是日，安知县命人将"老母"用小轿抬上山，至千丈岩，当钟声一响，木莲花浮近，安知县亲自抱"老母"下崖，放在木莲花中。莲花同样闭拢浮去，沉入海底。安知县命众人不许走动，他静静观察。不多时，海水突然翻滚，浊浪滔天，突然"呼啦"一声巨响，海里窜出一条谷箩粗的大蛇，大蛇窜上龙山寺后石塌，拼命打滚，把树木、柴草、石块都打光了，不一刻便死在石榻上。安知县命人剖开蛇肚，发现里面除了尖刀、利刃外，还有许多头发、衣裤和没有消化的残骨。安知县下令把老和尚抓起来，并向民众宣布："这是蛇妖诡计，你们再不要相信上西天的邪说!"众人唯唯。这时，龙山山脚下的海水中窜起一道黑烟，直往西北方向而去。安知县发现炸死的是一条雄蛇，那黑烟可能是一条雌蛇，为了防止雌蛇报复，准备雄黄粉末，勤练剑法不表。

果不出安知县所料，那道黑烟正是雌蛇。它对安知县恨得咬牙切齿，便化成美女，来到临安卖唱。她被大太监看中，送入皇宫。皇帝见了，万分欢喜，封她为妃宫娘娘。蛇妖使出浑身解数，迷得皇帝每天酒色不离。

一日，妖妃突然心痛难忍，太一个个束手无策。皇帝问妖妃："有什么办法可以治病?"妖妃说："有个半仙告诉我，只有镇海安知县的心肺煎汤才能治愈。"皇帝便命钦差大臣快马传旨，令安知县进京。安知县接到圣旨，便带了雄黄粉随钦差到临安皇宫，参见万岁。皇帝说："爱妃患病，要你的心肺用药，你死后我当为你封荫妻子，造庙塑像，春秋二祭。"安知县答应为娘娘献身，但在剖腹前要求先让他敬娘娘御酒一杯，以表忠心。皇帝和妖妃表示同意，内侍斟好御酒，安知县暗中把雄黄粉放入酒中，梢一摇晃，上前跪地，捧杯说："愿娘娘千岁满饮此杯，解除病魔。"妖妃大喜，接过酒杯，一饮而尽。雄黄酒吞下，顿时发作，被子下伸出一条老大粗的蛇尾来，妖妃立刻披头散发，美女头颅很快变成了箩筐大的蛇头，它吐着暗红色木莲花似的舌芯子，好不怕人。皇帝早吓得瘫倒在地，大呼："救驾！"安知县迅速上前，摘下柱子旁的宝剑，"唰唰"几下，将蛇妖斩成数段……

皇帝受惊吓后，晚上睡不着，要安知县保驾。安知县说："万岁，你临睡前只要喊三声'安知县'，就不怕妖孽了。"

皇帝临睡前喊三声"安知县"的风俗传到慈溪三北大地，于是三北民间夏日晚上进门睡觉前有了喊"安知县"的习惯来辟邪防祟。

陈望林　口述
滕占能　搜集整理

六月六狗洗浴

很早很早以前，南海有个员外的女儿，生了烂脚疮，请遍名医，总是医勿好。员外贴出告示："谁人医好小姐烂脚，就许配谁人为妻。"

这年入夏，勿知多少人来给小姐看过毛病，但小姐的双脚，还是越烂越厉害，脓血不止，长日发热。员外没办法，在地上铺了一领篾席，让小姐躺着休息。满地脓血，恶臭熏人，连家里人、丫鬟、使女也避得老远。小姐越忖越伤心，就一把抱起困在旁边的小花狗哭了。小花狗也真乖，从小姐怀里挣脱出来，跪到她脚下，伸出舌头就舔烂脚。

说也奇怪，第一日舔落来，小姐退了热；第二日舔落来，烂脚止了脓血；第三日舔落来，脚疮结出了硬疤；十日之后，小姐就能落地走路了。全家人对小花狗感激不尽，每日用好鱼好肉喂它。

小花狗一点勿吃，整日围着员外呜呜叫。员外说："你要什么？"小花狗一口咬牢员外裤脚，拖着他往贴告示地方跑。员外怔住了，原来小花狗要阿囡做内客。这怎做？一忖"一言既出，驷马难追"，自己讲的话要算数。

第二日，员外打了一只大船，装满淡水和粮草，载着小姐和小花狗出海去了。一阵风，二阵浪，三推四涌，大船漂到一个荒无人烟的地方搁浅了。小姐睁开眼睛一看，前面一片白洋洋，船却搁在茅草滩上，吓得呜呜哭了起来。小花狗见小姐哭了，就围着小姐旋了正三圈倒三圈，转身便往海里跳。

小姐看到小花狗要跳海寻死，就连忙去拖，伸手一抓，只捏牢小花狗的两只脚。小姐用尽吃奶力气，拖拖拖，把小花狗拖了上来，一看呆了，怎么小花狗竟变成肩宽腰圆的小后生？小姐上认认，下相相，一点勿错，就是刚才捏牢的两只脚还是狗脚，没变过来。当夜，他俩就在船上成了亲。

这日，正好是六月六。后来，每年六月六，人们都要给狗洗浴。相传，这就是祭祀狗太公。

滕占能　搜集整理

七月七独吃鸡

明朝年间,有个郎中开了爿名叫"妙手回春"的药店,在附近一带蛮有名气。

一日中午,有个病人来看病,只见店门关着,就在门外叹气,怨自己跑了一个空。郎中先生听到门外有人声,就来开门。一见是个病人,马上叫伊进屋,给伊把脉看病。这辰光,陪病人的爹闻到屋内有一股香气,还夹着股焦味,忙问郎中先生:"先生侬在烧啥东西?有焦气哉!"郎中先生才记起在炖鸡,连忙进灶间退出柴火。

病人的爹听说郎中先生大热天吃炖鸡,就话:"郎中先生,介热的天吃炖鸡,一餐吃勿光要臭的呀。"郎中先生说:"吃得光,我那只鸡只有一斤重,是只童子鸡。大伏天吃这种鸡能避痧气,补身体;如果用黄芪、当归一起清炖更加补身养神。老人家伊也去试试看。"

病人的爹回家后,也照样炖了一只童子鸡,伊独自一餐吃光,那天正好是七月七,吃后果然有效,整个夏秋二季不生疮、不发痧。这事一传十,十传百地传开了。第二年,好多人家也在七月七那天单独杀鸡吃了。

直到现在,阿拉宁波、余姚、慈溪一带的农村里还有这种"七月七独吃鸡"的习惯。

选自《中国民间故事丛书·宁波余姚卷》

余华达　搜集整理

七夕夜到芋艿田里听悄悄话

奉化萧王庙一带，流传着一种风俗，每到七月初七夜，青年男女会到芋艿田里去谈情说爱，据说谁能听到尼姑和于乃的悄悄话，谁就能与心爱的人白头偕老。这个说法是怎么来的呢？

古时候，明州奉化月岭山下有个尼姑庵，老尼姑饭吃三碗，闲事不管。有个小尼姑叫慧英，生得眉清目秀，人见人爱。这庵地处偏僻，香客稀少，香钱不多，全靠小尼姑种地为生。

有年春天，庵里来了个日本和尚叫于乃，年纪轻轻，瘦得皮包骨头，眼眶陷进，看样子得有黄胖病。小尼姑见其可怜，恳求老尼姑收留其在庵里养息。小尼姑每日给于乃和尚采药熬汤、烧饭送水，照料得仔细周到。于乃和尚实在过意勿去，就在白布袋里倒出一堆圆滚滚、灰扑扑、硬笃笃的东西，对慧英讲："这叫通天子，是我从东京带来想送到西天去的，看来我是送勿到了，还是种在这里做个纪念吧！来，我教你咋种。"

小尼姑按于乃和尚教的方法，把通天子种在庵前的一片田里，过了半个月，田里就抽出数株像小荷叶一样的草。过了四个月，叶子与叶子连成片，人钻进去寻都寻勿着，一片绿荫。于乃和尚的病早好了，可一直没有想走的意思，每日同小尼姑亲亲热热，一道挑水种田，一道管着这些草。老尼姑心想：两个年轻人长年在一起总要出毛病的。急了，几次婉转地赶于乃走，可于乃只当没听见。

一天，老尼姑打算直截了当叫于乃走，就走近于乃落脚的厢房一看，那只于乃的布袋还在床头边晃荡，可人早就没了。又走到慧英的房间一看，也没人影了。老尼姑急刹啦，亮开喉咙大喊："慧英！于乃！快快回转来啊！"这时，慧英和于乃正手拉手，坐在通天子叶子底下讲闲话。被老尼姑喊，魂灵飞散，双双钻进通天子田里再也不敢出来。老尼姑耳朵特别灵，听到通天子田里有讲话声，前脚后跟追进去，可整块田都寻遍了，连个人影都没有。老尼姑气得半死，看到慧英平时用的锄头放在田头，一把拖过来用力扔进田里，只听"咯噔"一声，锄头陷进地下足有半尺。老尼姑还不解气，捏牢锄头柄一扳，翻腾起一窠大大小小的通天子，中间的那颗大的同和尚头差不多大。老尼姑认定这一定是于乃和尚变的，于是便叫它于乃头。后来香客们把通天子分开去种，吃吃又好吃，就把它叫成了芋艿头。

后来在奉化一带就流传着一种风俗，每到七夕夜，青年男女都要到芋艿田里去谈情说爱，据说谁能听到小尼姑和于乃的悄悄话，谁就会找到称心如意的爱人。

选自《中国民间故事丛书·宁波奉化卷》
滕占能　搜集整理

七月卅夜插地香

农历七月三十日夜，在我们浙东一带有插地藏香的习俗。相传那夜是地藏王菩萨的生日，平时的藏王闭目不开，只有此夜人间插上地藏香后方才开眼。

据说，专管人间万物的地藏王菩萨见人类刀耕火种，生活艰难，看在眼里，急在心头，便对牛魔王讲："侬介大力气在这里吃吃困困呒没意思，下凡帮人耕田去吧。"牛魔王摇头讲："耕田我倒勿怕，怕就怕老了没力气耕了要给人一刀杀了当下饭。"地藏王讲："勿会，我敢担保。"牛魔王推三阻四，横竖不答应。地藏王急红了脸讲："耕田原是伊的本职，咋好怕死不去。人若是真的杀了侬，算我没长眼睛，伊就来挖掉我的眼珠。"说着，双手一推，牛魔王勿防，从天上跌下来，一头栽倒在地，上爿牙齿都敲光了，只好老老实实替人耕田。

过了十多年，老牛耕不动田了，果然给人杀掉。牛魔王满肚皮怨恨，赶到天上找地藏王算账，一把挖出地藏王眼珠，顺手抛出南天门。地藏王的眼珠滴溜溜落到江南水田里，变成田螺（从前农民不吃田螺，出典也在这里）。玉皇大帝见地藏王瞎了眼，勿能管账，便对牛魔王大发雷霆，把牛魔王痛责一顿，仍罚他下凡做牛耕田，永远不准再回天庭。

地藏王虽然瞎了眼，仍旧很关心人间疾苦，看不见就用耳朵贴在地上听人们说啥话，做啥事。观世音菩萨可怜他，发了慈悲，每年七月三十日送地藏王甘露一瓶洗眼，让他开眼一天。人们为了报答地藏王，每到这天夜里家家户户都要插地香，使地藏王见到光明。

选自《中国民间故事丛书·宁波余姚卷》

余华达　搜集整理

朱元璋与"三勿来"

在宁波慈北农村,农历七月有"老山祖宗拿银子"的俗话。七月半是鬼节,在七夕,家家都做忌日,纪念已故的亲人和祖先。

旧时,七月十五前后的晚上,慈北农村、城镇都要在广场举行做道场、放焰口的活动。广场上首搭着台,台前放着两张八仙桌和若干把椅子。八仙桌上摆猪头、三牲、蔬菜果品和酒饭。桌前端烛光熊熊,香烟缭绕,桌沿挂满纸马和挂锭。群道士坐在台上,有的跟着老道士念经,有的敲着打击乐器,太师椅上坐着个老道士,他头戴鱼尾冠,身穿八卦道袍,手执宝剑,口中念念有词,燃烧穿在宝剑上的天表。道士们除了念《召圣咒》《高皇经》《地藏经》外嘴里还大声念"三勿来,三勿来……"广场周围还有许多和尚和佛婆在念经,围观的群众很多但小孩子是不准来的,怕染上晦气。

台前的广场上放着十来张小方桌,桌上也点燃香烛,摆着祭品。桌前地上堆满纸锭、纸钱和经卷,准备在放焰口快结束时焚烧,广场前端的地上有许多匾,匾里都放酒菜,俗称:"野饭"。有的地方在放焰口的同时,还在广场前的河流中放河灯。许多纸船中点燃蜡烛,逐次放到河中,随风漂流。

做道场放焰口是在超度各地的亡灵鬼魂。规定除了收生婆、裁缝、杀猪屠三种人的鬼魂不准来参加,其他各种游魂、野鬼都可来享用、拿银子。道士先生为何念这"三勿来"呢?这原来跟明太祖朱元璋的规定有关。

元代至顺年间,出将入相的脱脱丞相夜观天象,发现紫微星即将出世,大吃一惊。他推算阳阳,发现"真命天子"将在凤阳诞生。便向元帝奏本,下旨擒拿凤阳城内所有孕妇,将她们钉害,以绝后患。

再说凤阳城有一个朱姓客商,三代善良,妻子怀孕已有九个月。一天夜里,朱老客梦见一位须白皆白的老人,说他家有大难,得马上出南门向外逃命。朱老客醒来,记忆犹新,便叫醒妻子,带上细软,出城避难。

第三天,钦差赶到凤阳县衙门,开读圣旨,责令官府派衙役、兵丁满城搜捕孕妇。弄得凤阳满城哭声遍地,人心惶惶。所有被捕的孕妇都被处决,真是惨不忍睹。消息传到大都,脱脱丞相好不高兴。他又夜观天象,发现紫微星还在空中,只是蒙上一层阴影,便快马催促凤阳守兵四处追拿在逃孕妇。

回头再说在逃的朱老客夫妇,途中得知元朝跌子捕杀孕妇的消息,急得像"漏网之鱼、丧家之犬",急急向南逃命。一天傍晚,妻子肚子疼得厉害,看来马上要临盆了。附近又没有村庄,只有在大道东首一箭之地有一个寺院,便挣扎到寺院山门外休息。这时,妻子腹疼如绞,谁来接生呢?朱老客急得像热锅上的蚂蚁团团转,便抱住妻子的腰,让她自己生产。不一会,妻子顺利产下一子,朱老客咬断脐带,脱下外衣,将婴儿包裹起来。他见妻子躺在地上呻吟,便放下婴儿,去扶持妻子。这时,北面大道上火把熊熊,喊声四起。眼看追兵已近,朱老客急忙扶起妻子,拎起包袱,向南逃命。匆忙中把婴儿遗弃在地上。

过了一会儿,一个老和尚来查看门户,听到山门外有婴儿的哭声,便启门看觑。他发现地上衣包中有一个赤身露体的婴儿在啼哭。僧人有好生之德,便抱入寺内进行哺养。老和尚从外衣领口内发现有"凤阳朱"的字样,因为婴孩是八月初八出生的,便把孩子取名叫朱重八。追兵抓不到孕妇,回城复命。脱脱丞相又观天象,发现紫微星已经出世,但被佛光罩定,更不知他降生何处,只得作罢。

这个朱重八就是朱元璋,他看过牛,讨过饭,又在皇觉寺当过小和尚。他与徐达、胡大海、汤和等结为朋友,后来参加郭子兴农民起义,推翻元朝统治,最后当上了明朝的开国皇帝。他和马皇后一起把国家治理得井井有条,百姓安居乐业。但他一生最遗憾的事是不知生身父母的下落,怎么也查访不着。看来早已去世,更不知葬在何处。为了尽孝,他采用大臣的建议,用香樟木雕成父母的遗体装入棺木,并在凤阳大造皇陵,进行春秋二祭。

为了超度父母和起义牺牲的亡灵,他提出在安徽、江苏、浙江等省城镇乡村都要在七月半夜里做道场、放焰口,让自己的父母的亡灵和世上的游魂、野鬼都来享用供品、拿银子,接受道士的超度。朱元璋特别强调,规定有三种鬼魂是不准来享用的。因朱元璋出生时，没有收生婆接生，收生婆的鬼魂不能来；出生时没有裁缝给他做衣服，裁缝的鬼魂不能来；杀猪尾的"猪"字与"朱"同音，杀猪屠的鬼魂也不能来。皇帝的圣旨谁也不敢违反，所以道士先生在放焰口时要念"三勿来，三勿来"了。

滕占能　搜集整理

宁波中秋节的来历

宁波人过中秋节是在八月十六日，而别的地方却是八月十五。为啥阿拉的中秋节是在八月十六呢？

相传，南宋时建都临安，有个宰相叫史弥远，他的家乡在鄞州区。这年，他母亲六十大寿。在中秋节八月十五前几天，史弥远就请求万岁恩准他到家乡来给母亲做寿，皇上恩准了他。

第二天，史弥远就拿着自己备好的礼物，带上随从从临安出发。当时交通不便，虽然已经有了船，但乘船已来不及在他母亲寿辰前赶到，于是他就骑马。为了尽早地赶回家里，他一路上马不停蹄。谁知天公不作美，途中忽然下起倾盆大雨，一连下了几天，道路非常泥泞，无法通行。史弥远住在驿站里，心急如焚，也无可奈何。

过了几天，天终于晴了，他便日夜兼程，但赶到家乡时，老太太的生日已过。这天正好是八月十六，于是他一声令下，命令家人重新备起寿堂，给老太太拜寿。想那史弥远乃当朝宰相，家财万贯，因此做寿的排场就不用说了。当时史弥远叫家丁买来月饼，给他母亲拜寿。并说，这次错过八月十五中秋节（当时的中秋节仍是八月十五）与亲人团聚的机会，就把当天八月十六作为中秋节。

就这样，从那时候起，宁波人就把八月十六作为中秋节。

选自《中国民间故事丛书·宁波鄞州卷》

滕占能　搜集整理

八月十六过中秋

话说有一年秋天，金国的统领完颜兀术统领大军，又犯中原。康王只得带手下官员，一路南逃。康王逃到扬州，金兵追到扬州；康王逃到杭州，金兵随即攻占了杭州。那年八月，康王一行又匆忙逃到明州，就是现在的宁波城。

这一路奔逃，康王身边的人早已四散。这明州城也不是久留之地，晚逃不如早走。为了不走漏风声，康王只身一人，匆匆地出了城门，抬头看看四周，到处是逃难的百姓。康王不由得泪如雨下，眼看着大好河山，顷刻间就要落入敌手，不知道这一生还有没有重振河山的机会。

正在这时，耳边又传来了"活捉康王小儿"的叫喊声，康王又饿又怕，急中生智，想出了一个主意，不如到慈城的外婆家去躲上一难。

康王的外婆家就是慈城向家，向家有女进宫，入选成了宋徽宗的妃子。向氏贵妃替徽宗皇帝生了他的第九个儿子，这就是小康王赵构。为避战难，向家迁来慈城，就住在五马桥一带。

再说康王心意已定，就急急地往慈城走。到了城东的狮子山脚下，金兵越来越近了。康王心一横，就滚进草丛，隐下身来。由于一路担惊受怕，又饥劳交加，康王竟在茅草丛里睡着了。

却说金兵追到狮子山前，不见了康王的踪影。金兵统领粘罕命令兵士进山搜寻。这时，金兵发现眼前的狮子山仿佛动起来了，这山峰看上去分明是一头身子扑地的巨狮。粘罕大吃一惊。这时，风吹草木，又发出一阵阵沙沙声，如同狮子发威起怒一般。粘罕忙掉转马头，急忙往后退，跟随的兵士也跟着主帅一哄而逃。

一轮明月升起，照得山上雾蒙蒙的。一阵山风吹来，康王醒了。康王感觉腹中饥饿难忍，只得一步一步地摸下山来。帽子不知道勾在哪根树枝上了，鞋子不知道落在何处。好不容易过了夹田桥，康王饿得实在没有力气了。康王见桥边有户人家，就想到这户人家家里讨点吃的。他刚想敲门，可眼前一黑，便倒在那户人家的门口。

再说这户人家的主人姓冯，已经六十多了。冯老汉平日做糕饼，挑到城里叫卖。虽然是小本生意，但冯家糕饼风味独特，深受欢迎。这一天，冯老汉隐约中听到有人敲门，就打开门看个究竟。一探头，冯老汉只觉一道金光在眼前一闪，自家门前的地上盘着一条小金龙，不由大吃一惊。忙揉揉眼睛，想看个究竟，哪里有什么金龙，分明是一个衣衫不整的男子倒在地上。

冯老汉弯下身来，见年轻人的眉宇间透着一股高贵之气。想当今乱世，时有官宦落难，流浪民间。冯老汉招呼老伴，把他扶进屋里。

迷糊之中，康王看到桌上的糕点，色泽金黄，顿时直咽口水。他伸手抓来便吃，一边吃，一边直说"好"，那狼吞虎咽的样子，引得冯老汉直发笑。

一盘糕点下肚，康王问道："老人家，这糕点味道绝佳，不知道叫什么？"冯老汉说道："官人有所不知，今天是八月十五中秋夜，我家老婆子自做了桂花月饼，兵荒马乱的，老汉与妻儿一起过个中秋。月饼粗陋，惹官人笑话了。"

"桂花月饼？本王是到了慈城了吗？"康王一高兴，不经意竟说漏了嘴。冯老汉一听，不由大吃一惊，吓得连忙跪倒在地，请求宽恕不敬之罪。

康王扶起冯老汉，说道："国破家亡，不曾想今年中秋如此狼狈。待有朝一日，国家中兴，让天下百姓都能中秋团圆，日子能过得美满。"

第二天，太阳从东方升起。闻讯而来的宋兵前来求援，康王看着阵容威严的兵马，顿时来了精神。他说道："光复河山，当仰仗各位热血男儿！"原来这支军队正是岳飞部下的先锋部队，正追击进犯慈城的金兵呢。领军的将军闻讯康王来到慈城，赶紧前来会合。

晚上，康王抬头看到圆圆的月亮挂在天上，像个玉盘。他笑意盈盈，看着桌上的桂花月饼，情不自禁地说道："十六的月亮比十五圆，中秋不妨重来过。"

众人一听，一片叫好！于是，八月十六那天，慈城人又过了一次中秋节，家家户户的桌上放了香甜的桂花月饼。就这样，八月十六过中秋的习俗就从慈城开始，不久，在整个明州城里流传开来了，直到如今。

选自陈可伟主编《甬上风情》

余华达　搜集整理

重阳节的来历

重阳节是中华民族的传统节日,这一天,人们有登高以及赏菊花的习俗。关于重阳节的来历,在宁波流传着这样的一个传说。

相传在很久以前,有个叫恒景的农人,他和妻子靠几亩良田养活父母和孩子,日子过得倒也安生。谁知天有不测风云。这一年,村子里起了瘟疫,夺走了很多人的性命,恒景的父母也没躲过这一劫。原来,这都是河里的瘟魔捣的鬼。这个瘟魔每年都会到处游走,他走到哪里就把瘟疫带到哪里,不管不顾,危害着人类的生命。恒景听说了这个消息,对瘟魔深恶痛绝,下定决心要为民除害。他打听到了几百里以外的东南山中住着一个叫作费长房的神仙,或许能够助他降魔除害,于是立即动身前去拜访。

恒景不辞辛苦,翻过了几座大山,又淌过了一条又一条大河,终于来到了东南山。但是进了山后,他却犯了迷糊,一连几天都找不到仙人的踪迹。这天,正当他坐在一块大石头上发愁的时候,面前忽然出现了一只雪白的仙鹤,奇怪的是仙鹤一直在冲他点头。恒景不明何意,也只有不断点头向仙鹤示意。谁知仙鹤忽然飞出了两三丈远,之后又回头向恒景点头,恒景走近它,它又飞走了。恒景明白了仙鹤的意思,就跟着仙鹤向前走。就这样,爬过了几个山坡,转了个弯,仙鹤终于停下来了。恒景喘了口气,抬头看去,只见不远处的山坡上坐落着一个古庙,庙门口的横匾上写着"费长房仙居"几个大字。恒景高兴极了,快走几步来到门前。但是大门紧闭,怎样叫门都无人答应。恒景以为仙人不在家,只得恭恭敬敬地在门口等待。这样等了三天三夜,第四天的早上,大门终于打开。只见一个白发苍苍的老人走出来,笑着跟他说:"见你诚心诚意为民除害,我答应帮助你了,快跟我进门来吧!"恒景知道这老人便是费长房,于是对老人表达了谢意之后，就跟着老人进了门。之后，费长房给了恒景一把降妖青龙剑，并传授给他一套降妖的法术。恒景每天都很用功地练剑，一心想着回去除害。

这一天，费长房来到他身边说："明天就是九月初九了，河里的瘟魔又要出来害人了，你的武功也练得差不多了，今天就拿上青龙剑回去除妖吧。再有，我这里有茱萸叶子二包，菊花酒二瓶，你分发给乡亲们，让他们登上高山避祸吧！"说完，费长房用手招来一只仙鹤，将恒景驮回汝南去了。

恒景回到家乡，就将乡亲们召集起来，把神仙的话跟大家说了一遍。第二天，他带着妻子儿女和乡亲父老登上了附近的高山，并把茱萸叶子分给大家，说是驱除瘟魔之用，又把菊花酒倒给大家喝，说能够预防瘟疫，恒景将大家安排妥当后，就带着青龙剑回到村中，等着瘟魔前来。没过多久，村子里刮起了一阵狂风，河里波涛汹涌，瘟魔从水中走出来了。它来到村子里，发现村子里竟无一人，再抬头一看，只见人们都聚到了山上。于是它冲到山下，只闻得一阵香味，震得它头晕脑胀，站不住脚了。

这时，恒景追瘟魔到山下，见瘟魔左摇右晃，就及时抽出宝剑向瘟魔刺去，还没等瘟魔缓过神来，恒景握着宝剑已经对准了它的腹部，猛地一刺，血水四溅，瘟魔倒在了血泊之中，乡亲们见了都拍手欢呼。从此以后，人们就将九月初九定为一个美好的节日，并一直传到现在。

滕占能　搜集整理

重阳糕的传说

每逢重阳节佳节,宁波人除了要登高插茱萸,还会吃重阳糕。

重阳糕也称"花糕""发糕",大多是以米粉为原料,加糖蒸制,再缀以芝麻、红枣、板栗、杏仁等。因为吃重阳糕寓意步步高,所以宁波人都讲究吃到嘴里是香的、填进肚子里是饱的重阳糕是不可缺少的。

重阳糕是怎么来的,这还有一个传说呢!

相传,在古代一座高山下住着一户勤劳善良又善于做善事帮助人的农民,凭着辛勤劳动,过着自给自足的生活。

有一天,这家主人收工回来,天色已晚,路上遇到一位投宿的老者,他二话没说,就把老者让到自己家好吃好喝好招待。第二天老者临走时,对这位主人说:"九月九日,你家中要有灾,必须往高处搬家,越高越好,还要搬到草木稀少的地方,这样可以免灾。"善良的农民听了这位老者的话,就搬到山上居住了。九月九日这一天,善良的农民从山上往下一看,果然见自己原来住的房子着火了,而且火势向山上蔓延,但因农民听了老者的话,选择了草木稀少的地方,所以火势没烧上来。

从此,登山避灾的事就传开了。但年年搬家,实非易事,况且有的地方尽是平原,无山可登。于是有聪明人想出了吃糕代替登高搬家的办法。因"糕"与"高"谐音,从此,重阳吃糕可以避灾的习俗就传下来了。

余华达　搜集整理

谢年

农历的十二月廿三，宁波人称之为"小年"。据说这天是灶君菩萨生日，每户人家当晚就要用"祭灶果"供灶君生日，宁波人又把这一天也称为"祭灶夜"。其实，"祭灶果"是宁波特有的，它是由冻米糖、脚骨糖、红球、白球、麻球、油果等混合而成。当供桌上的蜡烛快燃尽时，大人就把厨房大灶上神龛里的灶君菩萨请下来，连同一匹"灶马"用蜡烛火苗点着后送上天。然后，马上把"祭灶果"分给孩子们吃。祭灶，按老百姓的说法是要灶君菩萨上天宫后，对玉帝"多说好话"，以求"来年下界降吉祥"。

年前，还有一件大事就是"谢年"。"谢年"是表示宁波人对大自然的年终感恩，对祖先的告慰，也是对来年吉祥如意的祈盼。"谢年"也叫"谢年羹饭"。一般人家用五个祭盘。祭盘是红色的圆形木盘，比洗脸盆略小，也浅一些。祭盘上的祭品，中间一盘是一只猪头，称为"利市"，是吉利的意思。办不到猪头的用一刀肋条肉代替。另一盘是一只大公鸡，或者是两只较小的公鸡，但母鸡是不用的。以上两盘是熟食，其余三盘是生料：一盘是两条鲤鱼，象征岁岁有鱼（余）；一盘是蚶子，象征对本对利；最后一盘是年糕，象征生活年年高，年糕三四条一排，纵横交错地叠起来。桌前摆放香炉和烛台，还放年糕粉做成的"元宝"。桌的四周放酒杯和筷子。整个桌面摆得满满当当的。

关于谢年，宁波当地还流传着一个风俗故事。

几千年前，据说定海与镇海是连在一起的。镇海东面一个三面环海的六洋县，县里有个郝家庄，人称黑心村。太公姓郝，海盗出身，曾横行海上几十年，杀了不少无辜的渔民和客商。如今，年纪老了，就定居在郝家庄，他仗着儿子六洋县知县之势，仍干着坐地分赃的勾当，什么坏事都干得出来。上梁不正下梁歪，他手下的小喽啰和后代子孙都横行不法，做尽坏事。

有一年除夕傍晚，村里有一个小财东郝阿四家里摆开酒饭正在谢年，忽然来了个郝太公，他进得门来在供桌上一坐，皮笑肉不笑地说："阿四，你消息灵通，怎么知道我要来你家，还特地摆起酒席接风。"说着，伸手捞来一只白斩鸡就要把它撕开。郝阿四赶快上前打躬作揖，连连劝说："这是在请玉皇大帝、东海龙王、城隍土地，祈求来年鱼虾满仓、五谷丰登！这供品千万动不得啊。"

"什么动得动不得？"郝太公一脚踢开郝阿四，双手把鸡撕开，一边嚼鸡腿，一边说："请神不如请人，请了我太公，明年保你交好运！"不多时，他就吃了好多供品。当郝阿四再来劝阻时，郝太公怒气冲冲地说："还请什么鸡巴菩萨，来人啊，把这些供品全带回家去喂狗，狗还会替我看门呢！"一批狗腿子就七手八脚把供品全抢走了。有的真的喂了狗，有的却饱了自己的口福。

这下可气坏了东海龙王和城隍土地，他们在玉皇大帝那儿告了御状。玉帝准旨下来，决定塌地灭村，以示惩罚。当下有个吕纯阳仙师出班奏称："说不定那里还有好人。一旦塌地灭村，玉石俱焚，这也不是道理。还是让贫道去察访一下，如果发现心地善良之人，我就嘱咐他离开这个地方。"玉帝准奏，命吕纯阳见机行事。

吕纯阳下凡，化成一个卖油老翁，挑着两大篓香油来到郝家庄叫卖。这一带原来缺油，大家都来买，个个要便宜，买两斤付一斤的钱，有的干脆舀了油不付钱，溜之大吉……这天傍晚，村子东头来了个小伙子买一斤油。吕纯阳故意舀给他二斤油。过了一会儿，小伙子跑回来把一斤油还给老翁，说是母亲说的："我们决不白吃别人的东西。"吕纯阳问清小伙子的姓名叫沈亦平，告诉他："如果看到青峰庙门口的石狮子眼睛出血，就要塌地灭村，你要背起母亲向东南方向逃命。"说完，化作一阵清风走了。于是，沈亦平每天早上都去看石狮子，一个屠夫见了感到奇怪，问清了原因便用猪血涂在石狮子的眼睛里，心想捉弄一下他。沈亦平发现石狮子的眼睛出血了，便跑回家背起母亲就往东南方向跑。当他离开这个村子时，觉得天摇地动，身后"轰隆隆……"一阵巨响，果然塌地灭村了。沈亦平不停地跑着，地在后边不停地塌，他用尽平生之力，足足跑了二百里。实在跑不动了,母子俩跌倒在地上。沈亦平说:"娘,看来咱们没命了。"但奇怪的是,地就塌到他们身后为止。他们的身后是一片汪洋大海,这时已经风平浪静了。于是,母子两个就在海边定居下来,再后来,越来越多的人在这儿定居,大家就把这个地方叫作定海。

陈望林　口述
滕占能　搜集整理

年卅夜勿开半门

阿拉宁波人有个习惯，年卅夜每份人家的大门勿是开得大大的，就是关得牢牢的，没有半开半关的。这是为啥呢？讲起来还有一段传说。

从前有个姓张的道士，本事交关厉害。其四海为家，云游四方，老帮助有难的人。有一回其又救了一个人，勿晓得那个人是皇帝，皇帝就把其封为天师，请其在朝中当国师。有一个奸臣勿服气，想触触其的霉头，就给皇帝出了一个坏主意，试试张天师的本事到底有多大。

过了三日，金銮殿里老传出哭作乌拉的声音，好像有人在呕在哭，宫里的人都吓煞了。皇帝就让张天师过来柯妖怪，奸臣存心要其出出丑，规定其一天之内必须除掉妖怪，否则罚其去扫茅房。张天师一看就晓得有人要弄怂自家，其对皇帝讲："皇上，这金銮殿里的勿是妖怪。"奸臣眼乌珠弹弹讲："我看是侬没花头吧！宫里每个人都讲有妖怪，侬快除妖，不然皇上要治侬的罪！"张天师就对皇帝讲："那臣动手了，但在这之前恳请皇上恕臣无罪。"皇帝答应了。

张天师就在金銮殿设下法坛，其披散了头发，步罡踏斗开始作法。只见其用手里的桃木剑挑起一张五雷符，朱砂画的符文发出万道红光，交关怕人。张天师板着面孔对皇帝讲："皇上，臣马上要引天雷下来，侬自家小心吧。"其实这是张天师在警告奸臣，天雷专门是打小人魍魉的，奈何奸臣寿期未到，只能吓其一吓。讲完其就含了一口符水，把五雷符往上一抛。

轰隆隆！天上马上传来阵阵闷雷。嘴里法水一喷，倾盆大雨落下来了。皇帝跟奸臣看得眼珠都勿会动了。这辰光突然有一道龙光闪直直打落来，正好打在奸臣脚跟前，吓得其"扑通"摔在地上。其刚想开口辱人，张天师就笃悠悠讲："大人莫吓煞，这雷勿是打你，是打侬脚底下的东西。"皇帝也吓了一惊，两人刮刮抖抖跟着张天师到地下室,只见下面的八个人老早脑袋搬家了。原来这八个人是宫里的乐师,奉皇帝命令在底下弹些哭作乌拉的哀乐。这下皇上他们对张天师再也勿敢怀疑,揩揩冷汗走掉了。

为啥张天师明知底下勿是妖怪,还动手杀了他们呢?早在刚进金銮殿的辰光,张天师就暗暗算了一卦,这八人气数已尽,今天自家不动他们,以后他们就要死在奸臣手里,还要连累家人。其决定拼上自家的道行,逆天数而行,提前送八人上路。所以张天师其实是在救他们。

这天刚好是年卅。夜到皇帝在龙床上困得迷迷糊糊,忽然听见宫门响动,冷风阵阵。皇帝起来一看,果然是八个乐师,手里捧着脑袋喊冤。皇帝讲:"朕封你们为民间八大人,你们随红门而进吧。"这八人听成了缝门而进,就飘飘忽忽下人间去了。因为头没了,只好用手一家家摸过去。摸到关上的门,以为是板壁勿能进去;摸到开着的门以为是弄堂,也勿进去;只有摸到半开的门才晓得是门,就进去投胎。年卅夜要是被无头鬼走进,第二年运道就要推板。

所以阿拉年卅夜勿能让门半开半关。

滕占能　搜集整理

除夕"守岁"的来历

传说,老早老早以前,宁波东部太白山住着个恶魔,全身长满黑羽毛,三头六翅,千变万化,力大无穷。它常常张开血口,喷水成灾;唤来烈日,晒得天底下寸草不生。它说:"若要免灾,每家每户每天供一桌好酒好肉给我吃,不然谁也别想活!"

这样,不知过了多少年,多少月。镇海候涛山来了一个喜爱喝酒的清水法师,他有一手制酒的好本领。他看到恶魔危害百姓,心想:制造一种酒,叫恶魔吃了一年四季不醒,天下就可太平了。他找呀找呀,整整看光了三十六万四千册酒书,总算找到这么段记述:以禾为酿,取十一种稻米,二十二只大缸,三十三斤辣蓼,四十四天发酵,五十五次节糟,六十六日下窖,七十七次搅拌,八十八天澄清,九十九天封贮。香气悠远,口味酷烈,一盅下肚,三百六十四天方醒……他依据书上面所说,找到酿酒的稻米、辣蓼等物,花了三千六百八十七天工夫,终于制出一种十分酷烈的酒来。

那天正巧是正月初一,清水法师打开罐盖,顿时醇香扑鼻,浓烈的酒味像一团雾龙冲上九天云霄。他和在场的几十个徒儿,没来得及尝味,已一个个翻醉在地,酣然大睡。这股酒香,飘呀飘呀,飘到了太白山。那恶魔突然闻到这股奇香,寻到候涛山上空,一眼看到佛桌上的这坛美酒,馋得一头扎下来,"咕咕"地一饮而尽。饮后,它全身热辣辣,头脑晕乎乎,返回洞中倒头便睡,口中还咕噜道:"好酒,好酒……"

一天后,清水师徒们一个个醒了过来,听说恶魔偷吃烈酒后已经睡熟,高兴极了。百姓闻知消息也欢天喜地。但清水法师知道,一年有三百六十五天,而恶魔只得睡着三百六十四天,还有一天仍要出来害人,咋办呢?

日子一天天地过去了,离腊月三十只有十九天了,清水法师还没想出办法。这天,他踱步来到紫竹林旁,猛听到"砰"的一声,吓了他一跳,定睛一看,是个长眉和尚正在竹林外烧着一支毛竹,原来是竹节爆炸的声音。他想,如果把山中的毛竹锯成一段段的,分给百姓,三十那天,恶魔出来时,都在门口燃放,并供上三牲、果馔和烈酒,诱他吃了再睡三百六十四天岂不更好?这个打算,百姓都说好,纷纷准备起来。

三十日,恶魔一觉醒来,饿得天旋地转,"啊"了一声,说道:"我好涂,上他们的当了。今天定要报复一下!"说着,飞到空中,闻到处处飘荡着过去吃过的酒香。它馋极了,却不敢去吃,扑向人们供着的三牲果品,谁知身子刚要着地,只听得"噼噼啪啪"的一阵阵巨响,家家户户的门口火星迸爆,乱飞乱蹿,溅落在恶魔身上,烫得它哇哇怪叫,转身就逃。它飞呀逃呀,结果越飞越远,飞到了外国,再也找不到自己的家了。据说它飞到哪里,哪里不是遭受水灾,便是遭受旱灾,成了人人咒骂的瘟神。

后来,有的国家听说中国有一种能制伏恶魔的烈酒,就派人来学了去。但是,酒味相差甚多。恶魔吃了睡不到三百六十四天,所以各国过年的习惯就不一样,各地受灾的轻重也不一样。清水法师见恶魔已经逃走,太高兴了,在笑声中于当年腊月三十夜与世长辞。百姓为了纪念他,年年腊月三十晚上还是在家门口供上百牲和烈酒,燃放爆竹,坐以待旦,叫作"守岁"。

多少年过去了,恶魔也不来了,百姓们再也不制造这样麻烦的酒了,所以它的制造方法也失传了。但是除夕"守岁"的风俗一直流传至今。

选自《中国民间故事丛书·宁波镇海卷》
余华达　搜集整理

05

| 行会庙会篇 |

稻花会

以前,每年新稻抽穗扬花的季节,宁波镇海一带,总要行稻花会。这天,农民头顶烈日,手举彩旗,敲锣放炮,排着长长的队伍,到田头巡游,祈祷有个好收成。

据说,这个风俗最早起源于镇海长石乡。那时,长石乡一带还是塘内滩地,田土薄,咸碱重,每年收点"头稻",半年糠菜半年粮。这年大旱,又遭蝗灾,田里籽粒无收,人们只好挖草根、刨树皮当饭吃,一个个饿得皮包骨头。

俗话讲,天无绝人之路。那日,海面上驶来了一队粮船,泊在塘外。船上走下一位年老者,叫何行九,是福建一爿米行的账房先生,受老板的委托,趁这里闹荒,来高价卖粮,想赚一笔大钱回去。何先生上了岸,一看到旱情介重,村断炊烟,鸟雀不飞,人们个个面黄骨瘦,饿得只剩口气,不觉心酸。他呆呆地想了一会儿,回到船上,吩咐伙计将几船大米,全部施舍灾民,另有两船稻谷,也一一挨户分赠,作来年春播种子。

几天后,船内粮食施舍光了。何先生吩咐伙计开船回去,说自己还要收取粮钱,随后赶回交账。当地村民得到救济,将何先生当成救命菩萨一般,争着请他食宿酒饭,好生招待。

光阴似箭,转眼到了来年春上,何先生每天在田头巡游,看到分赠的稻谷生根发芽,没多久又抽穗扬花,田里腾发起阵阵的醉人稻香,他宽慰地笑了。村里人都非常高兴,也想到:没有何先生这位义胆侠气的老人相救,怕早被饿死了。但他为救济大家,至今难以回去交账,待新谷登场后,归还他的钱款。

正当人们想把这个打算告诉何先生,四处寻找他的时光,意外发现他已跳河自尽。在他的住处还留着一封信,信里写着:

几船粮食赠灾民,
再难回去复使命。
幸喜如今稻花香,
九泉之下目能瞑。

人们见了都放声痛哭,以当地最隆重的礼节为他安葬,造坟立碑,后来又建造了一座"何仙庙"作纪念,决定在每年新稻抽穗扬花季节行会,来奠祭这位老人。这个风俗,一直沿袭到中华人民共和国成立初期,才逐渐消失。

童自民　口述
滕占能　搜集整理

高抬阁行会

高抬阁行会是慈溪慈北师桥人和罗、郑两姓人的旧风俗。其规模之大,场面之热闹在三北地区无与伦比。行会时,观众人山人海,屋前、路边站不够,连河面上也搭河台,用来观看。高抬阁行会是怎么来的呢?

传说有一年,玉皇大帝下旨关了水仓门,三北地方到处大旱,眼看庄稼都要晒死了,农民们到处在请龙求雨。杨家到奉化请六龙,柴家请斤四两龙神。沈家人烟大,四出请龙。但结果是:请请奉道,作稷晒焦;请请张仙,河底向天;求求太白,河底晒白;求求木斗,滴水不流。

百姓着急,龙神们也着急。龙没有水,怎么化雨?

据说,墨斗龙神是玉皇大帝的外甥。他见沈家百姓遭灾,十分不忍,便偷偷溜进玉帝的书房,从砚台漕里偷来一些水,准备给沈家人下雨,庄稼得救。斤四两龙神知道墨斗龙神从天庭偷来了水,便邀集九兄、十八舅进行拦截。于是墨斗老龙跟斤四两龙神、九兄、十八舅在半空中大战起来。这一仗打得很激烈,墨斗老龙的墨水保不住了,便向三北大地洒了下来,天便下了一场黑雨。墨斗老龙越战越勇,他一剑砍断了斤四两龙神的一截手指头。以后柴家庙塑着的龙神这根手指头总是接不牢,接上就脱落。

沈家人看见庙里的墨斗龙神额上冒汗,便用手巾给他擦汗,谁知这一擦帮了倒忙,竟把墨斗龙神的眼睛遮住了。就在这时候,墨斗龙神被斤四两龙神一棍打中脑袋。从此,沈家新浦庙里的墨斗龙神的脑袋就开裂了,人们怎么修也修不好,只好给他打了个铁箍。

这场龙神大战后,沈家人说:"柴家斤四两龙神、九兄、十八舅,打不过墨斗龙神独只手。"而柴家人却说:"墨斗龙神独只手,打不过斤四两龙神、九兄、十八舅。"墨斗龙神的黑雨虽然救活了庄稼，但人们不敢吃。幸亏太白老龙和桂秀老龙到太湖抬了一桶水来，下了一场大雨，这才解决了问题。当时茄子被南瓜叶遮住，这场大雨没淋着，所以还是黑黑的。还有乌鲤鱼和乌龟正在池底污泥中和洞中打瞌睡，没有淋到这场大雨，所以它们浑身是乌黑的。

由于下了这两场雨，三北的百姓得救了，而墨斗龙神却犯了天条，被玉帝打入天牢。墨斗龙神的护童进位时，人们问："墨斗龙神什么时候可以放出？"护童说："玉帝说，'除非铁树开花！'"因此沈家人动脑筋，用铁条作桎，木头搭台，用红、绿绸装饰，精制成三丈三尺高的高抬阁进行行会。高抬阁分三层，下层是戏台，可供八到十个人在上面演戏；中层可以站两个人。讲究的台阁这一层还会缓缓地转动，当然这两人也是化装表演的；上层的椅子上坐一个抬阁小娘，她的腰缚在柱子上，手脚能够活动，也是化装表演的。一扛抬阁就是一台戏，有"雷公、电母、闻太师征西""八仙过海""水漫金山""哪吒闹海"……抬阁顶上装饰一朵大红花。

为了防止抬阁翻倒，戏台下的木笼中放满石臼或石条。一扛抬阁得用二十四个人抬，二十四个人换，二十四个人扶，二十四个人护卫。加上演出的共有一百多个人。师桥二十四房，高抬阁就有十二扛，还有郑家沿头和白塘桥罗家各有一扛，总共十四扛。行会时，抬阁中间插入艺龙、沙船、马郎公子、鼓船、十番、高跷、大纛旗……前面还有开路莲灯和旗锣，这支队伍足足有十里路长，行一次就要三天。高抬阁算师桥明六房，这一扛最讲究，单是抬阁小娘身上的凤帔就用万枚钢针穿就，看上去闪闪发光。

行高抬阁时，锣鼓喧天，人群高呼："铁树开花了！铁树开花了！"喊声雷动，惊动玉帝，玉帝从南天门外看下来，以为铁树真的开花了，便把墨斗龙神放出天牢。

名震南洋、香港、上海的慈北高抬阁就是这样来的。

沈锦文　口述
滕占能　搜集整理

蚕花会

每年清明时节，在慈溪三北一带，都有举行"蚕花会"的风俗。这个活动吸引了许许多多的农民参加，其中不乏中老年妇女和年轻人。年长一点的妇女因为信奉传说，所以每到这个时候都会聚在一起，通过一些风俗活动，来期盼今年的蚕茧有一个好的收成。而青年男女，主要是图个热闹。

那么，"蚕花会"到底是怎么来的呢？

相传，在江浙水乡一带，有一户人家，父亲出征打仗，女儿在家务农。女儿不仅长得漂亮，而且看蚕也看得好，是这一带有名的"蚕花姑娘"。那一年的清明，从前线传来的消息说，出征的父亲被敌人围困，快到山穷水尽弹尽粮绝的地步了。做女儿的心急如焚。为了解救自己的父亲，女儿毅然决然地做出决定：谁要是能解救她的父亲，就以身相许，托付终身。几天以后，一匹白马驮着她的父亲回来了。女儿因为许下诺言，所以决定和白马成亲。可是人畜成婚是不成体统的，父亲在反复劝说女儿无效的情况下，不得已把白马偷偷杀死了。女儿听到这个消息后悲痛欲绝。为了不食言，她一气之下触地而亡。

乡亲们为这样凄切缠绵的爱情故事所打动，他们把白马和女儿的尸体掩埋合葬在一起。

第二年，在坟头，长出了几株有着硕大叶子的桑树，叶子上还爬着一只白色的身上满是马蹄形花纹的小虫。小虫吃了桑叶之后长得飞快，不久就吐丝做茧。有人说，小虫就是小白马变的。然后他和蚕花姑娘"作茧自缚"，在茧子里过着他们与世隔绝（据说是为了表明与世俗决裂）的幸福美满的夫妻生活。后来他们还有了一个孩子,那就是从茧子里飞出来的蛾子。

人们为了纪念蚕花姑娘,在每年清明时节,就举办"蚕花会"活动,希望"有情人终成眷属",也企盼来年蚕事更兴旺。

童自民　口述

滕占能　搜集整理

镇北迎神赛会

明嘉靖三十四年,宁波镇北东绪乡包括现今镇海区蟹浦镇一带。镇北西绪乡为龙山、三北、范市镇一带。当时的镇北一带,有年年举行大旗会的习俗。据说这还与戚继光有关。

1555年,戚将军初来龙山所千户所永乐寺内屯兵扎营,当初兵不上500人,将不上10人。戚继光想:如要击退倭寇,必须发动群众、组织群众,按现在的说法是军民联防。戚将军组织各村地方武装,称之"乡勇"或"团练",基层分支称为"堡",村与村相互呼应,发动四乡十八庄东绪西绪地区民众,形成招之即来、来之能战、战之能胜的抗倭力量。每当抗倭战役胜利,乡勇们手执武器,高举大旗,抬着战利品,载歌载舞举行庆祝活动。后来还把每个乡村庙家菩萨都抬出来进行游行,祈祷神灵庇护。把最精干能文能武的中青年、壮汉挑选出来,有人执钢刀、长矛,手舞铁叉,有人扛旗、车旗、擂大鼓,背旆锣、抬菩萨。人们抬着抗倭寇的战利品,显得非常威武、隆重。

每年二月十二至二月十九为庙会日。时常有阵容浩大的迎神赛会出面,镇北东西绪庙会联合广大民众,共庆抗倭战役胜利之喜悦,鼓舞民众士气,增强军民联防,提高抗倭战斗力。庙会声势浩大,惊天动地,西绪乡与东绪地区40里方圆,锣鼓喧天,五颜六色的大旗高高飘扬,赶庙会的百姓人山人海,长达十里,庆祝的人群前呼后拥,队伍从蟹浦岭苏将军庙出发,蟹浦船鼓开锣喝道。经金家岙新城庙、邱王梅林庙(戚继光)、东门外村柿林庙、龙山所村城隍庙、西门外海庙、田央陈灵感庙(孔明)、林家赤石庙(刘备)、筋竹岙关帝庙(关公)、田央黄跳头庙(张飞)、黄杨岙百步庙(黄忠)、方家河头河头庙(赵云)、高巷樟树庙、范市顺圣庙等,进行巡游。各庙宇历史悠久,每个庙拥有相当规模的庙脚弟子，人力物力基础相当雄厚。每个村庙，都由领先的报马、路牌，大旗锣开道，金鼓、炮担跟在香亭和轿子后，再后面是各式各样的富有民间特色的艺术表演。有的以古代将帅出征之阵势，有的以船鼓、喇叭、唢呐等打击乐器打头阵，有的抬着高台阁、排灯、莲灯，有的还舞火流星、火篮、舞龙舞狮，还有活灵活现的大头和尚队。扇子舞、宝剑队、布龙队、高跷队及民间曲艺化妆表演，随后是旗、牌、黄龙伞、铁铳护卫兵的四抬四扶菩萨轿。

蟹浦庙会比较有特色，百余人穿着古代服装，大擂船鼓，大钹大锣，合着乐队节拍，把"将军令""梅花三弄"敲得淋漓尽致，随后有十几个孩子表演"西游记"唐僧取经，十分认真、可爱。邱王二村的高台阁十分华丽漂亮，台上扮演刘、关、张等六个儿童威风凛凛，十分威武。西门外四十铁叉舞得如杂技团小丑一样灵活。田央陈、龙头场青壮年把火流星、火篮舞得眼花缭乱。最逗人闹笑的是田央陈村演出的"三百六十行"小鬼追无常。李家村的布龙翻滚如龙腾虎跃，龙山所的高跷队"火烧向大人"动作惊险，一个饰马夫的演员，身手不凡，能踩着高跷，翻几个跟头。范市师傅表演"肉身灯"节目，表演者裸露上身，以铁钩扎入前手腕，钩住十几斤重的香炉来回晃动，铁钩把皮扶拉得长长的，看得人心都吊起来。

这样庙会，一直到民国后期还在流行。中华人民共和国成立后，绝大多数庙宇拆除，人们对神治宗教观念逐渐淡薄，崇尚科学的风气盛行，这是社会的进步，但在龙山人民的心中，梅林庙从明代万历年间到目前为止还继续香火不断，人们膜顶礼拜，庙宇保存完整是为纪念民族英雄，千古常青。

余华达 搜集整理

前童元宵行会

前童元宵行会是一种古老的民间游艺活动,也是一个真正属于人民大众的节日。行会始于明朝中期,盛行于明末清初,主要以鸣群锣、抬鼓亭、放铳花等方式来表现。纪念童氏祖先开渠凿砩、灌溉农田的功德,聚民心修水利,祈愿年景丰收。

前童元宵行会起源于濠公引水的传说。

前童虽处白溪沿岸,但水利条件较差,年成的好坏,常常取决于天时。在明正德年间,有一个名叫童濠的人决定在白溪上游引水灌田。于是,他发动全村老少开渠引水,但这一带沃土,都属一些豪户,童濠三番五次提出以高价收买,他们就是不肯通融。急坏的童濠只好跑到南岙,与住在那里的娘舅商量。他娘舅是个有功名的读书人,深知兴修水利是件利国利民的好事,但官府昏庸,要想事成,非得靠金银铺路不可。于是向外甥授一计:在鹿山顶上放三口大稻桶,下面填满沙土,上面堆着银子,阳光下,闪闪发光,方圆五里十里,一目了然。同时放出风声说,能通融就通融,不行就用这些银子来打官司。几户田主一见这阵势,只得相让,砩口一开,清清的白溪水汩汩而来,流入百渠千沟。

获得丰收的前童人,不忘记先人的功德,同时也为了庆祝、祈求丰收,于是衍生出独特的纪念庆祝方式——行会,即每年农历正月十四至十六,举行流动的元宵灯会。前童元宵行会内容丰富,规模浩大。代表前童童氏十八房的鼓亭、抬阁、秋千,是行会中的重要观赏项目。这些形式各异的鼓亭、抬阁、秋千一律采用朱金木雕工艺制作,每一件器具有它的名称和内涵,忠教礼义、儒家耕读思想体现其中。行会时,这些器具上坐有古装打扮的小孩,每一杠都演绎一个历史故事，随着车轮的滚动，人物交替出现。

每年正月十一过后，前童的大街小巷就热闹起来，各村的人们从四面八方汇集拢来，锣声鼓声传遍山野。到正月十四达到高潮。正月十四下午，几十个鼓亭和抬阁聚集在一起，开始在镇内外巡游。鼓亭和抬阁移动时，还有耍狮的和舞龙的穿插其中，长长的队伍由龙旗引导，浩浩荡荡地过街穿巷。所到之处，沿路的居民摆出红枣、桂圆、木耳汤、橘子等，让参加行会的父老乡亲品尝，显示了人与人之间的亲融，展现了万民同乐、淳厚多彩的民俗凝聚力和古老文明的美德。

灯会以鸣群锣、抬鼓亭、放铳花等程式进行。人们或手提、或肩挑、或车推数百面铜锣，穿走大街小巷，声若万马奔腾；入夜，各房小伙抬出18杠造型精致、风格各异的鼓亭，缓步而行。鼓亭上祖公偶像端坐，灯饰高挂，宛若金龙狂舞，气势磅礴；尔后，用硝磺、木炭等自制而成的铳花筒（类似于焰火），搬上高棚施放，色彩缤纷。队伍来到古镇中心的童氏宗祠时，照例是要缓下脚步歇一歇的。宗祠内童老太公的画像前已经准备了全猪全羊，只要是童家子孙都要进来祭拜。不少衣着时髦的青年人也跪下磕头，一问才知，他们的祖辈都是从前童出去的，尽管乡音已改，但是血脉总归是不变的。

前童元宵行会最精彩的景观，还在晚上的灯会。张灯、放礼花是最主要的节俗活动。元宵节离不开"闹"，张灯观灯赛灯叫"闹花灯"。夜幕降临，家家户户门前悬挂着自家制作的彩灯，镇上的主要街道流光溢彩。与此同时，礼花表演也开始了，粗如水桶的礼花一齐点燃，霎时间，焰火喷射升空，呈现出各种惟妙惟肖的图案。而不甘寂寞的鼓亭抬阁也迫不及待地开始了晚上的表演。每个鼓亭被几十盏灯光装扮得火树银花，远远看去，成了灯的长河，十分壮观。

选自陈可伟主编《四明风华》
余华达　搜集整理

它山庙会的由来

宁波西乡一带的人都知道，千年古镇鄞江镇一年有三期"庙会"，即农历"三月三""六月六""十月十"，至今已有八百余年的历史。起初是纪念修筑古代著名水利工程"它山堰"的功臣县令王元玮，以及为筑堰献身的十位壮士而举行的纪念活动。

鄞江镇又称小溪镇，地处樟溪河、鄞江的汇合点，上游的樟溪河一股流入光溪灌溉鄞西大地，一股注入鄞江出海，夏季山洪暴发时下游一片汪洋，而旱时溪流干涸，下江的咸水上溢入樟溪河，咸不可灌地，老百姓的日常用水都受影响，更谈不上旱涝保收了。

为此，时任鄞县县令的王元玮心怀百姓焦苦，驻足江边，寻觅治水良策。王知县后得高人指点，拦上游之水修筑神奇它山堰，降龙伏神，纳山脉雨露流上河，滋润干渴的土地，经过三年时间的奋战，终于完成了一项为国为民的实事工程——它山堰。

鄞江北面有一山脉，人称竹节岭，东西走向，阻断了鄞江通往北面之路。王知县它山治水时，欲打通往北的水路，无奈山高岭险，难遂心愿，岭后的大片农田因缺水依旧贫瘠。相传，其时竹节岭西面的上化山有黄龙盘踞，东面的芝山岭有金凤栖居，两者均经百年修炼成神。为争竹节岭之治权，龙凤失和，时常大战于岭间。恶斗时乌云蔽日，飞沙走石，百姓为此叫苦不迭。至今，岭东的石潭河仍可见痕迹，方圆千米的石滩，积重怪异，依稀诉说着当年战斗的激烈！龙凤专心互斗，祸及百姓，对王知县的治水更不配合，终于有一天惹怒了四明山神。在一个风雨交加之夜，山神挟雷电之力移山开道，把东西走向的竹节岭腰斩两段，使鄞江通往北面敞开一个道口。山神捉黄龙于山间，锁金凤于岭南，严令两者戴枷求功，造福谢民，从此，鄞江打通了北向之路。

腰斩竹节岭后，鄞江北向有了通路，为体恤王知县治水之苦，山神捉黄龙置于道间，龙头按于鄞江上河，龙身化为北向的溪江，这就是鄞江现今的小溪江。从此，四明清泉源源流入岭北，造就了万顷良田。早时候，小溪江经常泛滥，传说是黄龙在不服挣扎。为彻底管治黄龙的暴戾脾气，山神在竹节岭上置一捉蛇人，世代居住，至今仍在。每当小溪江洪水泛起，黄龙蠢蠢欲动之时，竹节岭上常隐闻呵斥之声。现今数世已过，黄龙早习惯于听命捉蛇人，乐做送水使者。山神也有感黄龙数世以身引水，劳苦积功，委派黄龙之子去岭北供职，乡民因称岭北一带为蜃蛟龙。

王县令鄞江治水时，小溪江属它山堰枢纽工程的一部分，目的是引上游之水入蜃蛟、古林一带。早先的小溪江水面较宽，能过农船，至今江上老桥纤道依旧，桥基石柱上仍可见纤绳摩擦的痕迹。为引上河之水流入小溪江，王县令又在两者的接口处，拦河画弧，曲径建造了一个坝堰，与坝堰相连，北端筑起一座高高的拱桥，这就是光溪桥。光溪桥的建成，使两岸有了安全便捷的通路。上河之水，经坝堰的拦截，大部经光溪桥流入下游，少量弯入小溪江供向岭北。千年之前的调水枢纽，世代功效显著，王县令可谓匠心独具，堪比神笔！

在它山堰筑堰工程中十位壮士献出了宝贵的生命，老百姓为了纪念王县令，以表彰其丰功伟绩，在它山堰北岸立庙祭礼，称为"它山遗德庙"也叫"它山庙"，大殿塑有王县令神像，东建"报安祠"一座，鄞江人称为"小庙"，以后每逢农历"三月三""六月六""十月十"都要举行大型的纪典活动，庙会也由此形成。

选自陈可伟主编《四明风华》
余华达　搜集整理

萧王庙庙会

萧王庙，位于萧王庙街道永丰村的百花岭上（离滕头村一公里距离，从滕头上甬金高速路边可见），1042年建，庙祀宋代奉化县令萧世显。萧世显，字道夫，江苏沛县人，为汉丞相萧何之后。宋天禧二年（1018）任奉化县令。他勤政廉洁，深得民望。

1021年，奉化境内大旱，萧县令不辞辛劳，亲赴灾区，在长寿乡率民开凿五里长渠，引剡江之水灌溉农田，使老百姓获得了较好收成。次年干旱且蝗灾，他又亲赴灾区，带领百姓捕蝗。终因积劳成疾，在长寿、禽孝两乡界中风猝逝。百姓不忘其德，1042年在他去世的地方为他建庙塑像，世代拜祀，香火十分旺盛。到了1252年，宋理宗钦赐庙额为"灵应庙"。1363年，元惠宗追封萧世显为绥宁王，遂称庙为萧王庙，并以此命名其地。庙内庙外留下的古今匾额对联百余件，现在还有"剡东第一名？祠""福泽万代""惠我生民"等四十八条对联、二十三块匾额。其中戏台上一块"光明正大"匾是蒋经国先生所题。

萧王庙的庙会灯祭（俗称上灯）是为纪念萧公而设，时间在每年新春农历正月十三至十八日，为期六天。据历代相传，庙会灯祭立有庙众，置有肥田六百多亩，界下有二十六个姓，分四堡，即潘村堡、逸上堡、环江堡、盐浦，按规定四堡逐年轮流负责灯祭。举办的时间是每年正月十三至十八日，历时六天六夜，灯祭由当年轮到负责祭祀一堡之中有一定威望的长者主持。

正月十三黎明时分，在主持者庄严肃穆的号令下，举办庙会的骨干人员按特定程序有条不紊地上供品、上香、点烛、致辞、跪拜，界下民众也纷纷汇聚庙内，进行参拜仪式，完毕后等待接下来将要举行的游行仪式。上午八点半分，仪仗游行准备工作就绪。主持人一声令下，游行队伍浩浩荡荡出发。大批民众纷纷加入仪仗队伍，一路锣鼓喧天，爆竹齐鸣，场面壮观。仪仗队伍依次为：宫灯引路，纪念庙神横幅，旗锣开道，沿途鸣放礼炮，肃静回避牌四块，供品——全猪、全羊、七牲（猪头、羊头、鹅、鸭、鱼、寿面、馒头）、杠箱一对（内置二十四碗菜肴），一百斤重供烛两支，人们执清香随行，烟花队、乐队和二十四节龙舞队。整个祭祀期间，庙堂内外，昼夜灯火通明，香客不断，戏曲、说书、杂耍轮番上演。

　　此外，庙内还会陈列许多奇珍异物、古玩字画和精美的工艺品供人观赏，庙外可买卖各种乡土小吃、土特产等，形成一项既庄严又热烈，既具纪念性又带娱乐性、交易性和以祈求社会平安、土地丰收和百业兴旺远近闻名的大型民间习俗活动。

余华达　搜集整理

石浦妈祖与台东如意省亲行会

"如意娘娘"是浙江沿海渔民在歌颂劳作及祈求平安中产生的信仰,浙东地区民间信奉如意娘娘的习俗,据传已有几百年的历史。象山县石浦镇渔山村与台湾台东县富冈新村共同信奉海上平安孝神——如意娘娘。

相传几百年前,常有福建兴化人来象山渔山岛捕鱼,也常有台州黄岩人来岛铲淡菜(贻贝、海虹)。一日,有一个采贝人落崖身亡。后他的女儿从家乡赶到,问旁人父亲在何处身亡。当得知确切地点之后,二话不说,纵身跃入海中。众人大惊,但见从该女投身处浮上一块木板。人们被她的大孝心感动,于是用木板雕塑少女像,修龛供奉、筑庙祭祀。塑像神通灵验,有求必应,后该庙被称为如意娘娘庙,也叫海神庙。

传说这位"如意娘娘"升天后与妈祖娘娘、瑶池金母结成了三姐妹,妈祖为大姐,如意为二妹,瑶池是小妹。与石浦东门岛天后宫里供奉的妈祖娘娘一样,数百年来"如意娘娘"成了渔山岛渔民的海上保护神。渔民出海捕鱼前要举行"开洋"仪式,捕鱼回家时则举行"谢洋"仪式,祭祀"如意娘娘"以保佑渔民平安出航和归航时候鱼满仓。

1955年2月,国民党军队从浙东大陈岛、渔山岛一带撤退时,将大陈岛居民14000余人、渔山岛居民487人迁至台湾。渔山岛居民撤离前,以柯位林为代表的渔民决心要把本岛如意娘娘装箱带到台湾。就在士兵阻拦之时,柯位林向正上岛巡视的蒋经国求助。蒋经国当时讲了10个字:"可以,可以。搬上去,搬上去。"就这样,渔山岛如意娘娘塑身得以跨越海峡到了台湾。

若干年后,在台湾的渔山人建设了台东富冈新村,村中建了"海神庙",安置了从故乡带去的如意娘娘塑身。渔山人遵守故乡旧俗,以每年农历的正月十

五、六月十八、七月初六为如意信俗的三大节日。在这三个日子里，富冈新村人都要祈祷如意保佑百姓讨海平安、生活安康。因思念故土的缘故，富冈新村渐被众人称为台湾"小石浦"。

2003年9月，"亚洲第一飞人"柯受良率台东县富冈新村（"小石浦村"）村民代表10余人，赴渔山岛祭祖、祭庙。2007年7月27日，在象山县台办与台东县富冈新村的共同努力下，离别了五十多年的"如意娘娘"终于第一次踏上了回家认亲的道路。柯受良之父柯位林率小石浦村祭祖团一行54人，奉持"如意娘娘"小塑身从台湾转香港飞至宁波，来到石浦渔山岛认亲省亲，与渔山岛村民一起举行盛大的祈福祭典活动，开创了两岸如意娘娘省亲迎亲习俗。

台东小石浦村民在海神庙进香同年9月13日第十届中国开渔节期间，40余位台东小石浦村代表护送着如意娘娘真身来到石浦，与石浦东门岛天后宫的妈祖娘娘一起，举行了盛大的省亲迎亲仪式，并参与了妈祖巡游、开渔祭典等有关活动。渔家认为如意娘娘、妈祖娘娘同为海神，在神界也是姐妹相称。于是，如意娘娘就以妹妹的身份，进驻东门岛妈祖庙做客、省亲，并参加历时3天的开渔节渔港巡游。

此后，"石浦妈祖、台东如意"省亲迎亲仪式就成为每届中国开渔节的重要活动项目，有力地促进了两岸石浦人的民间文化交流。2008年6月，作为海峡两岸石浦人一脉相承的古俗"石浦—富冈如意信俗"被国务院列入第二批国家级非物质文化遗产代表性项目。这是目前国家级非物质文化遗产名录中唯一包含海峡两岸民俗文化的遗产。

2010年9月，如意娘娘分身落户象山东门岛门头山的海神庙，永播慈爱，庇佑两岸。今后每届中国（象山）开渔节都要举行"如意娘娘"省亲迎亲仪式及象山石浦港"妈祖祈福巡游"活动，以此寄托浓厚的乡思乡情。

选自陈可伟主编《四明风华》

余华达　搜集整理

象山开洋节与谢洋节

浙东象山石浦海域辽阔,自古至今石浦人民与大海有着密不可分的关系,俗话说:"靠山吃山,靠海吃海",石浦人民受大海惠泽之深时代久远。然而石浦人民既有在大海中劈浪斩波、征服大海的豪迈气概,同时也对大海怀有深切的感恩之情。正是这样复杂的情绪,在历史的长河中,逐渐形成了石浦独具特色的开洋节和谢洋节。

象山渔民开洋、谢洋节包括渔民祭祀活动和传统民间文艺表演等内容。"开洋节"是渔船出海时,渔民祈求平安、丰收的民俗活动。"谢洋节"则是渔船出海平安归来,渔民为了感恩大海的民俗活动。根据《象山东门岛志略》记载渔民开洋、谢洋节活动,距今已有一千多年历史。清雍正年间到民国期间是鼎盛时期,后来逐渐衰弱,20世纪六七十年代停止,改革开放后恢复,象山东门岛渔村尤为兴盛。

每年传统捕大黄鱼季节开始,象山渔民都要在妈祖娘娘庙等庙宇举行"开洋节"祭祀仪式。"开洋节"的祭祀时间在三月十五至三月二十三之间,必须选择在每天涨潮时分,希望财源随潮滚滚而来。主祭人在前一天剃好头,晚上要用糖水净身,第二天穿上干净衣服去庙里祭祀。供品陈设有序,殿前天井东西两侧,各放八仙桌一张,分供猪、羊各一只,供天地神祇。大殿中堂放八仙桌两张,陈列鸡、肉、鱼、蛋、豆腐、面等五大盘,也有六大盘乃至八大盘的,盘头供品放在红漆桶盘中,五果、点心不用大盘。吉时既到,红烛高烧,主祭船主上香献爵,跪拜,虔诚祝祷,船上众伙计(船员)一同跪拜。行礼之后,请"菩萨"上船,由船主手捧红漆大桶盘,把神像(有木雕或泥塑神像)放在上面,也有的在神明前求得(三角小旗)令箭一支,以代神像,插在四角香袋上，两旁列侍千里眼、顺风耳神，香烛都准备好，出庙时，代舵（大副）撑黑布伞护顶，三肩（仓面负责人）提灯笼前导，众船员持香随后，恭恭敬敬把菩萨请上渔船，放在船圣堂神龛内，顶礼而退。引路灯笼挂在船头，以驱邪保平安。接着由当地和外请民间文艺表演队表演节目，有鱼灯、马灯、船鼓、抬阁、车灯、滑稽表演等。午后开始演戏，日夜连台，戏团远从新昌、嵊县、台州、临海请来，演戏五天至十天不等，号称"出洋戏"。通常演出戏目为《桃园三结义》《薛仁贵征东》《赵子龙长坂坡救主》《杨文广樵山取宝》《穆桂英大战洪州城》《岳飞枪挑小梁王》等。在开演前，派一小乐队到村里各庙，恭请诸菩萨前来看戏。由一人手捧大红桶盘，供清香三支，把代表各庙菩萨的令箭（三角小红旗）插在四角香袋上。各庙菩萨皆到，放鞭炮三声，得加演一出《八仙过海》或《王母娘娘做寿》《魁星点状元》，加演戏上演时，长元（船主）得开销红包。庙会期间，村民招亲致友，宾朋盈门，人流如潮。庙里拥得水泄不通，村里一片欢乐祥和。三月二十三日趁良辰吉日，顺风顺水，渔船出海。船埠上人头攒动，为扬帆出海的亲人祝福送行。锣鼓声、鞭炮声震耳欲聋，在开船号声中渔船鼓棹扬帆出海。

每年黄鱼汛结束，渔船平安归来要举行"谢洋节"，大约在每年的农历六月二十日至六月二十三。"谢洋节"举办祭祀内容和方法与"开洋节"差不多，只是少了请神的环节。这些天渔村热闹非凡，为感恩大海，感恩神灵，演戏庆丰收、庆平安，号称"谢洋戏"或"还愿戏"。有在城隍庙，有在渔师庙、关帝庙、土地庙，这要看各村情况而定，但大多数是在天妃宫或娘娘庙。由高产渔船出资包演，盛时连演七天七夜。戏台上挂有"神人共乐"横额，庙里挂灯结彩，供奉三牲福礼。所请戏班有宁海乱弹班、绍兴高调的笃班，妇女们则欢喜嵊县越剧班。第一场好戏开锣，往往加演一出"蟠桃大会"，赏红包，不仅戏班子引以为荣，全场观众也皆大欢喜。为争取荣誉，各渔船船主往往选聘优良戏班以博取众人欢心。

选自陈可伟主编《甬上风情》

余华达　搜集整理

石浦三月三

"石浦三月三"是象山县石浦久负盛名的一个民间传统节日，当地民间流传着这样一句民谣："三月三，踏沙滩，辣螺爬高滩"。

每年到了农历三月初三，石浦及周边地区的人们，穿着节日的盛装，呼朋引友，来到海边尽情地嬉戏，享受阳光和海风，观海潮、听海涛、拾海贝、领略传统民俗文化活动的风情……他们有的心系宋王朝的历史情结，有的体验辣螺姑娘的纯真爱情传说，有的感受阳春三月的自然气息。平展的沙滩上摊贩云集，杂耍遍地，游人如织，歌声如潮，形成一道靓丽的风景线。当地百姓说，踏过三月三的浪，一年里会手脚轻健，不长疮疖。只是挥舞滩头的不再是沙蟹桶、鱼篓、沙蛤耙，而是东海龙、渔家灯，还有渔家汉子抬着各式抬阁、吹着与人等长的民间"长号"，敲打出与海一样豪迈的渔家鼓点，跳出的是一个个崇敬大海的音符。

"石浦三月三"产生年代久远，关于它的来历，人们纷说不一。

有一种说法跟南宋大臣陆秀夫有关。传说南宋末年，石浦沙滩附近有一美丽善良的渔家姑娘，以拾辣螺为生，人们称她为"辣螺姑娘"。一次，"辣螺姑娘"在沙滩拾螺时发现一外地受伤男子，遂将他救起，并带回家中悉心照料，那男子就是南宋大臣陆秀夫。在疗伤期间，陆秀夫和"辣螺姑娘"渐渐地互生爱慕之心。伤愈后，由于陆秀夫国事在身，匆匆告别，临行之前，许诺功成之后娶"辣螺姑娘"为妻。不幸的是，陆秀夫走后，"辣螺姑娘"被当地渔霸看中，欲强迫成亲。娶亲当日，"辣螺姑娘"以死相拼，投海身亡，这一日恰为农历三月初三。以身殉情的"辣螺姑娘"冤魂不散，每年此日都会爬上沙滩，翘首北望，等候情人归来践约。

后来陆秀夫背负南宋小皇帝赵昺跳海，也许是不忘当年与姑娘之约，尸体漂至皇城沙滩。南宋灭时，有乡人发现皇城沙滩附近海面有许多浮尸，其中有少年着黄龙袍。人们怀疑是崖山海战阵亡将士，而黄龙袍少年应为与大臣陆秀夫一起殉国的小皇帝赵昺。于是沙滩以此得名为"宋皇城沙滩"。后来，善良的村民每年三月初三会赶到沙滩，纪念这对忠贞不渝的恋人，最后渐渐衍化成民间传统活动。

还有另一种说法称"三月三，踏沙滩"的由来与生产劳动有关。沙滩的历史上本无"三月三，踏沙滩"的民间文化活动，有的只是红红火火的生产劳动。沿海一带历来广泛流传着这样两句俗语："三月三，辣螺爬沙滩"，"三月三，螺子螺孙爬上滩"。按农事，在三月初三前后，地温、水温开始升高，真可谓"浅海辣螺先知暖"，到了这时节，螺们便不顾死活地爬上滩头，这一爬正合了渔家、农家之意。人们便在这个季节相继去沙滩拾撮，也就有了"三月三，踏沙滩"的壮观场景。随着人口的增长，滩头资源的逐渐枯竭，老辈们仍习惯于在这个日子里带着晚辈往沙滩走，重温昔日为收获而走沙滩的兴旺场面，于是，便形成了一个全新意义的"三月三，踏沙滩"的民间文化节日。

1998年，当地政府和文化部门在继承民间传统"石浦三月三"的基础上，进行策划引导，使活动主题更加明确，活动内容更加丰富，活动形式更加多样。"石浦三月三"活动以当地的民间民俗文化活动为主体，以体育、渔业竞技项目及邀请外地歌舞、杂技节目为陪衬，表演形式多种多样，不同的节目有不同的表演形式。除了主打节目《辣螺姑娘招亲》，还有舞鱼灯、跑马灯、划龙舟、抬彩阁、放风筝、扭秧歌、打腰鼓、击花棍、对渔歌等传统活动，也有戏剧、曲艺、杂技、打腰鼓、击花棍、韵律体操、太极拳、太极剑、扇子舞和渔业竞技比赛等节目参加竞技。

选自陈可伟主编《甬上风情》
余华达　搜集整理

龙山祭海行会

龙山地处海边，渔民以捕鱼为生，船工运输大多在海上。自明清以来，对海神龙王的祭祀尤为虔诚，是旧时渔民百姓祭海祈求海上作业平安、祛祸免灾、风调雨顺、年年丰收的一种古老祭海仪式。一般在东海之滨的龙山所城内进行祭海行会。

龙山祭海行会主要有两项议程，一是在海庙内祭海神，二是在海边码头上祀龙王神。在龙山镇龙山所城内，位于十字街口"救火会"南侧，原有一座晏公殿，晏公本是江西地方的水神，后被明朝统治阶级所重视，不断加封，成为全国性的水神。

据说洪武十六年（1356年）明太祖朱元璋派大将徐达讨伐张士城，争夺长江下游的军事重镇镇江时，徐达屡战不利，太祖亲率冯胜等将，援军救助，扮为商贾，顺江流下，此时狂风大浪突起，眼看龙舟将覆，太祖十分惊慌，即刻跪倒在船板上求助神灵保护，忽显红袍纱帽、浓眉黑面大汉揽舟至沙上。太祖曰："救我者谁也？"默闻曰："晏公也。"此后晏公因此风光，在明代被统治者不断加封，并成为全国性的水神爷，专管江河湖海行船安全，明初晏公被封为显应平浪侯，后又晋封为霄玉府晏公都督大元帅，明以后，沿海各地多立庙殿祭祀之。

晏公殿正殿三开间，占地一亩余。大殿筑在河面上，殿内铺着紫红色松木地板，殿前有两个石鼓，石鼓边竖着旗杆，高达8米，是旧时升旗祭海拜神用的。每年正月十三上灯，至正月十九下灯，在旗杆上挂满各色各样的皮纸灯笼，专门设有管灯、点灯、下灯的人。正月十五左右7天内灯火通明，在祭海拜神的日子里，不许熄灭灯笼。

旧时每年正月十六，是祭海敬神的正日子，前一天晚上，晏公殿内就已热闹非凡，在灯火通明、香烛交照、烟香燎绕的大殿内，四方各地赶来祭海的渔民，抬着、拎着、扛着各自的供品，如猪、鸡、水果、粽子、馒头以及各种鱼蟹、花生、糖果等，放满大殿中8张八仙桌。正月十六一早，祭晏公仪式开始，先上香，点香者点上粗如手腕般的高香，然后各人分三支清香，进行祭海。此时领头的长辈一声高喊"祭海会现在开始"时，晏公殿内外锣鼓喧天，炮仗齐鸣，乐师们吹响祭曲、随着海螺声阵阵伴和，晏公殿外祭旗招展。8位渔家姑娘提上酒碗，倒满家乡米白酒，主祭人率8位壮汉跨步上前，高举酒碗，向晏公爷敬酒，行大礼三鞠躬，8位姑娘双手恭敬举起高香，步步走向神圣的祭台，此时主祭人高声朗诵：第一碗酒，敬大家出入平安；第二碗酒，敬海神风平浪静；第三碗酒，敬各船鱼蟹满仓。主祭人恭读祭文后，祭乐再次响起，大家共同拜祭。拜祭后，进行文艺巡演，然后，大家随巡演队伍前往海边码头祭东海龙王神。

在海边码头渔船集中处，渔民们早已把渔船修整一新，在岸边备好"三牲"祭品、供品，如苹果、桂圆、红枣、馒头，还有肉塔鱼、大鳗、豆腐、老酒等，以及香烛香台等，大家面向东海，恭恭敬敬呈立正姿势，各人手捧三支清香，这里主祭人一声喊："向大海三鞠躬"，大家就面向大海三鞠躬。躬拜完毕，主祭人开始祈念："龙王啊！晏公爷爷哪！今日阿拉要出海，请您保佑阿拉顺顺利利出海，太太平平回来，空船出，满船进，一风好一风喔，一船好一船！心灵与大海相通，阿拉盼家人团圆。"于是大家也齐声祈念。祈告后在海边举行出海仪式，一时各船竞帆向东，撑起希望出海而去。祭海的供品也有讲究：比如祭海敬神必须用大的"肉塔鱼"，比喻下海捕鱼不管到什么洋面，网网有（塔塔有）；祭海时用大鳗鱼，比喻船船捕鱼鱼满舱等。

为了图吉利、保平安，船民和渔民在出海前还有很多禁忌，诸如：一、吃饭时不准将筷子搁在碗上，因为搁筷意味着船要搁浅；二、不准女人上船，认为女人的经血会冲撞船神；三、拉屎拉尿时不准对准船头，要在船后固定的厕所位置方便，否则对龙王无礼；四、吃鱼时不准将鱼翻过来吃，预示着"翻船"用意；五、不准折断筷子，因为筷子代表着桅杆和船篙，一旦出事，生死难卜。渔民或船民在海上捕鱼或航行少则几天，多则几个月，危险性、不安全感极大。因此在祛祸免灾、祈求平安、求神灵保护的心理驱使下，诞生了一系列祭海和禁忌习俗。如今，随着时代的发展、航海设备的改善和观念的更新，祭海习俗正在逐渐消失。

余华达　搜集整理

咸祥庙八月半渔棉会

咸祥八月半庙会是宁波鄞州东部咸祥地区的传统习俗，自清朝光绪年间八九月间开始，以用彩船形式庆祝捕捞、盐业丰收的风俗。咸祥庙会早年叫渔棉会，因为当地靠山面海，百姓早年一直以捕鱼或种植棉花为生，咸祥庙会是咸祥人民祈求社会太平、祈盼来年生活安康的民间文化活动。中华人民共和国成立前，每逢农历八月十五都要举办，将供奉的先人像抬出来巡游，同时还要演五天五夜的戏。

鄞州东乡咸祥庙是一座颇有名气的社庙，建庙已有快五百年历史了。到清朝雍正年间，紧毗它又造了个杨公殿，供奉的是鄞县知县杨懿。说起杨懿，还有个动人的传说呢！

清雍正五年（1727年），鄞县县令杨懿，身着青衣，头戴小帽，脚穿布鞋，带着一名随从，来到大嵩城住上七日七夜，勘测大嵩江南北两岸的地形，听取当地百姓意见。盐场（咸祥）的朱国选，向他提出了围塘造地二万多亩的宏伟计划。

杨县令采纳了朱国选的意见，向宁波府台、浙江抚台写上两道呈文，费尽周折，终于得到一万零六百多两的下拨花银。大嵩江南北两岸筑塘方案开始全面实施，要从塘溪的金鸡桥到咸祥的横山埠头，全长十八里，筑起高一丈六尺，塘底阔五丈，塘面宽二丈五尺的大海塘。当时因用皇粮银子（国库）打塘，故称"打皇塘"。

动工之初，杨县令为了调动盐场群众打塘积极性，与当地父老商量后提出两条措施，并贴出告示：一、有人打塘一丈的，可分给良田一亩，而且免税三年；二、有人投工一工，给米四升（折雍正铜钱四十个），当日兑现。这两条措施果然灵验,不仅调动了民众的打塘积极性,缩短了施工期,而且大大减少了打塘的银两支出。老百姓更是拍手高唱:"杨县令做主打皇塘,老百姓有吃有穿上天堂。"

当时盐场劳力缺、农活忙,而打塘的工程量又大。为了克服这一矛盾,工程头儿们想出了一个两头兼顾的好办法:让农民日里打塘,夜里耘田。

喜欢赚现铜钱的民工,打了一天塘,放工时自然要急于领到当天的工钱。但由于打塘的人多,领米领钱的点设得少,所以民工往往要排长队等待,影响回家时间和晚上耘田。于是工程头儿们又想出了一个绝妙办法:把四升米折成铜钱,再将铜钱放在酒埕里,每个民工可以把手直接伸进酒埕捞一把铜钱。由于酒埕口小,捞多了手就不能出酒埕口,所以人人没法多捞,而人人又不肯少捞,因此一把铜钱刚好合四升米钱,结果自然大大加快了领工钱的速度。对于这个办法,打塘民工个个佩服,又编出一句顺口溜:"日打皇塘夜耘田,酒埕口里捞铜钱。"

经过六七年时间,十七八里长的皇塘果然筑成了。

杨知县与朱国选商量,还要造大嵩江右坝,以阻止咸潮入侵。选址决定在江口馒头堵。为解决筹资问题,请求宁波府台、浙江抚台拨款,而未被批准。

雍正七年(1729)五月中,宁波地区遭强台风袭击,县北长春塘(姚江南岸)被大潮冲塌,杨公据报亲赴现场,率民工抢修,通宵达旦。第二天返回县署,因全身湿透,且平时积劳体弱,终于卧病在床,未能语言,更无进食,溘然卒于公署,终年36岁(1727年2月到任,1729年5月25日逝世,任期29个月)。

嵩江两岸老百姓,听到这个悲伤消息,上下咸祥有八九十人,肩背干粮和饭桶,脚穿草鞋,爬过大嵩岭,乘下水的夜航船,直奔宁波,进鄞县衙署,入灵堂,跪拜遗体,流泪恸哭。

当地有一首民谣:

杨公老爷好县令,抢修江塘得重病。
大坝未成身先死,长使百姓泪满襟。
上下咸祥老百姓,翻山撑船上府城。
跪拜哭念杨知县,只见海塘不见人。

这些小调和民谣，至今已流传了二百八十年。

杨公筑塘围涂，变沧海为良田造福于民的功绩，在两岸世代的人们心中，永远不会忘记！

杨公逝世后，大嵩咸祥等地百姓缅怀杨公恩德，为了乡下百姓祭祀方便，于嘉庆年间在咸祥庙西边建成了杨公祠，当时鄞县县令郭文志撰写杨公祠记。杨公祠建起后，咸祥庙的香火更加兴旺，一庙一祠，裴君和杨公这两位时隔九百三十多年的历史人物，成为当地人民的思想寄托和希望所在，每逢初一、月半或有关节日，男女老少成群结队，点香烛、摆供品，祭拜祈祷，表示对尊神的敬重，祈求太平盛世、安居乐业，并把每年的正月十三至十八、八月中秋节、十月初二定为庙会庆典。每次庙会期间都要演戏五天五夜，当时庙脚所辖八堡（现全镇十七个村），约七千余人口，各堡的弟子敲锣打鼓、抬着彩船抬阁、奏器乐、放鞭炮参加行庙会，观众人山人海，场面颇为壮观。据老年人回忆，庙会活动除在抗战时期间中断外，直到1948年终止。

如今，咸祥每年都要举行三次庙会：正月灯祭、八月半渔棉会、十月裴肃神诞，十七个村的村民整齐有序地推着他们的吉祥物跟在抬着裴肃、杨懿和朱国选的坐像的队伍后面参加巡游，大街上人声鼎沸、鼓乐齐鸣，爆竹震天，场面十分壮观。

选自陈可伟主编《四明风华》
余华达　搜集整理

城隍庙庙会

　　城隍庙庙会曾经是宁波老底子最大的庙会，民间习惯叫"行会"，到现在失传也已经交关多年数了。当年的庙会主要在每年的清明举行。除了清明，还有七月半、十月初一的庙会，因此，城隍庙会又叫"三巡会"。

　　城隍庙内有泥塑和木雕的城隍各一尊，称作"坐神"和"行神"。庙会期间，木雕的"行神"就被隆重地请出，乘坐在交关考究、漂亮的八抬大轿里，在鼓乐仪仗的护卫下，在宁波城内设定好的大街小巷巡行。队伍最前面是"千斤担"。"千斤担"由一名大力士肩挑沉重的铁件重担，一手拿酒壶，边喝酒边走路，跌跌撞撞，东倒西歪，担子的铁件与路面碰得叮叮当当响，吓得两边看热闹的百姓慌忙乱逃。其实"千斤担"就是在前面清道开路的。

　　"千斤担"过后，仪仗的顶前面是一面交关大的红色的绣花"令旗"，大"令旗"后面是跟着参加庙会各种各样的民间或行业会社的会旗，五颜六色的旗幡高高举起，迎风飘扬。后面紧跟着八面写着"肃静""迴避"的执事牌，再后面是做工交关考究、用黄缎绣着"云龙"的"万民伞"，万民伞后面是香案（城隍供桌），而后就是城隍的"神轿"。"神轿"前有大旗锣两副，前后左右护卫的"兵勇"八人，沿路鸣锣喝道，威风凛凛，吓人倒怪。巡行的队伍极为壮观，浩浩荡荡，前后几里路长。跟在后面的队伍中最引人注目的是"黑无常"和"白无常"。"黑无常"全身套着黑衣黑裤，又矮又胖，一只像是倒复的箩筐一样的大帽子套住整个头与颈，眼如铜铃，口似血盆，又丑又怪，样子极其吓人，手里还拿着长长的粗铁链，故意拖在地上，发出吓人的声响，也是左冲右撞故意来吓人的。白无常看了更怕人，身高丈八，是由一名身材特高的大汉，肩上扛着五尺高、塑成白无常上半身的傀儡装扮成的，全身套着又宽又大的白长袍，脸露狰狞，头上戴着高帽，上写"一见生财"四个加了红圈的大字，头颈上挂着长串的和尚饼，一手拿一把破芭蕉扇，一手拿着铜锁链。因为又高又大，所以只能徐徐而行。它的后面则紧跟着一群小"白无常"。

宁波民间有一种习俗，认为孩子从小若体弱多病，父母怕孩子养不大，就带着他们到城隍庙来"继拜"白无常做"干爸"，希望有"白无常""干爸"的保佑，小孩子能平安长大。因此，每当庙会巡行，"干儿女"们也都身穿白袍，头戴高帽，颈挂小和尚饼，扮成他们"干爸"的样子，或自己随队或由父亲带领一起巡行，年龄幼小的孩子则骑坐在父亲肩上，战战兢兢跟在这又敬又怕的"干爸"后面一路游行。黑、白无常不仅样子可怕，更可怕的还有它们拿锁链勾魂的故事。据说凡是死人，都是它们两个给捉到阴间去的，民间平时叫"无常阿爸"，既敬畏又惧怕，既怕见又想看，十分神秘，但又十分刺激。后面跟着的还有一队装扮成衣衫褴褛的"犯人"，有人披枷带镣，有人背插"斩旗"，样子交关凄惨和怕人。这些人这样做是为了警世，有很多人是自愿去扮"犯人"的，是为自己今世"赎罪"，为来世许愿的"行会"最有趣、最热闹的是花样百出的台阁、高跷、鼓亭、纱船、彩马、肉身灯，以及舞狮子、舞龙灯等各种各样的民间游艺队伍，一边走，一边还表演。各种项目你争我赶，互相斗技，精彩纷呈，好看得勿得了。

民间的各种会社除了游艺，沿途还要不停放爆仗、放火铳，还有鼓乐，路吹奏，互比高低，威风凛凛，热闹非凡。沿途百姓会焚香迎拜，在县前街、东门口、灵桥门及其他重要地方，各店还设香案供桌迎拜。到达城隍庙前停轿，各种游艺队伍轮流在神前表演，此时巡行气氛达到高潮。城隍庙内则设坛拜忏，日夜念经。大殿里点起几十斤重的大红烛，天井的大香炉里火光冲天。戏台上还要日夜演戏谢神，十天半月不停。看戏敬神，人山人海。

庙会期间，到处是做生意的摊贩，叫作"赶庙会"，吃的、用的、穿的无所不有。宁波城里，真真叫万民空巷，热闹非凡。城隍庙庙会是全宁波的"节肯"，是最有名、最热闹和最隆重的民间盛会。

宁波从一九二七年起停止城隍公祀，庙会也从此淡出，但各县仍偶有举行，只是规模远远无法与宁波相比。中华人民共和国成立后，庙会演变成农村的春秋季物资交流大会。庙会虽然去掉了敬神的内容，却也十分热闹，并因此保留下了大量民间民俗的内容与形式。

林厚勋　口述
余华达　搜集整理

梁山伯庙会的来历

宁波高桥有座梁山伯庙,全国闻名。每逢农历三月初一和八月初七,前来拜瞻的人成千上万,千百年来形成了一种特有的庙会风俗。

相传东晋鄞县县令梁山伯死后,坟墓坐在鄞县九龙墟邵家渡太平村的姚江边。后来,有一年大热天,太平村周围虫灾旺发,农民用各种办法想把害虫除掉,可害虫还是越来越多,庄稼都被虫啃光了。

太平村族长王祖生急得团团转。一天他来到梁山伯的坟头抬头一看,觉得奇怪,周围都是倒草枯树叶落,唯独梁山伯坟头却是碧绿一片。王祖生年轻时闯过江湖,见多识广,细细察看之后,只见坟头草丛里,没有一只害虫。他心里暗想,这里定有原因,就双腿跪地,向坟头叩了三个响头:"民王祖生,跪拜梁县令,如能助小民除掉害虫,定要立庙塑身。"说完王祖生脱掉布衫,包一捧黄泥土,来到自己田里,把黄泥土撒到稻田中。

说也奇怪,第二天一早,王祖生来到田头,看到稻田里的稻抽出了新叶,害虫也不见了。王祖生把这件事告诉了众人,大家非常高兴,都跑去挖泥,在稻田里撒一把坟土,果然害虫就不见了。这一年太平村粮食得到了大丰收。

人们为了纪念梁县令的功德,把原来在坟旁的一个庵堂拆掉,造了一间庙,塑了一尊像,这就是梁山伯庙的前殿。

梁山伯坟头上的黄泥可除虫,这个传说一直流传下来。现在大家都到梁山伯庙去进香,总要挖一撮坟头泥带回家,放在灶头以驱除虫蚁。前殿建造好后,梁山伯庙香火很旺,远近都晓得邵家渡太平村有一个梁山伯庙。

好多年以后,有一年秋后,盗寇进犯宁波沿海,到处烧杀百姓。当时有个刘太尉,他领兵几次抗击盗寇,还是阻止不住盗寇的扰乱,急得刘太尉坐立不安。一天夜里，刘太尉梦见盗寇又来进犯。刘太尉刚要出征，忽见位身穿红袍的知县领兵前来，引路的灯笼上写着"梁"字，一仗打下来，把盗寇杀得东逃西窜。第二天刘太尉醒来，果然有人来报，说是昨夜盗寇在沿海死伤很多。说来奇怪，从此盗寇再也没有来过。

刘太尉为了寻找梦中之人，亲自到梁山伯庙前来察看，一见梁山伯塑像和梦中之人一模一样。太尉为了感恩梁山伯平寇有功，就奏明皇上，褒封梁山伯为"义忠神圣王"，还送匾额一块，上书"梁圣君庙"，并亲自筹建了后大殿。梁山伯庙从此变成官方认可的祭祀地，历代许多宁波地方官都要去朝拜，有些还撰文立碑颂扬梁山伯哩。

傅红平、庄兆民　口述
余华达　搜集整理

龙山大旗会的由来

旧时,在浙东三北地区,每逢秋季丰收之后,都要举行一种以扛旗为主的群众集会游行活动,称为"大旗会"。大旗会由头旗领路,二旁青龙白虎旗跟上,接着黄龙虎豹旗、太阳月亮旗、八面威风旗,然后扛头牌月镜,敲大旗对锣,唢呐小号齐鸣,叫开锣吓道,撑着金黄色的皇凉伞,拨起帅府大旗,号吹将令,铳放朝天炮,热闹非凡,后面还跟着龙会、炮担会、文旗会,穿插着文武旗、锣鼓队、丝弦细十番和舞龙舞狮队等,还有一些年轻人手执刀枪棍棒,扮成英雄武士,挨村游行,一连几天,热闹非凡。沿途各村乡亲,家家准备菜点、酒饭,欢迎舞旗游行宾客,已有400多年历史。

大旗会是浙东沿海所特有的一种特定的行会,源自三北镇海北部一带沿海,起于明代戚继光抗倭故事。关于其兴,有两种说法:一说是大旗庆功,二说是大旗退敌。

关于大旗庆功。嘉靖三十四年(1555年)七月,戚继光调任浙江都司金书,专门管理有关屯田的事务。他专心任事,励精整顿,督造军事器械,成绩卓著。他以多方面的军事才能,深得浙江巡抚胡宗宪的器重。次年,朝廷议事,认为定海一带靠近倭寇盘踞的舟山岛,形势险要,应添设专官镇守。因为这一武职责任重大,必须慎选良将。嘉靖三十五年(1556年)七月,经新任总督胡宗宪推荐,戚继光受命担任参将,驻宁波,分守宁波、绍兴、台州三府的广大地区。

参将的职责是平时负责挑选和训练士兵,有战事则率军作战。可是戚继光上任时,前任参将"并无交代水陆作战堪教士兵"。当时战情紧急,戚继光来不及训练士兵,只得临时凑集。"流寄杂兵",以解燃眉之急。一开始,戚继光凭着他那精湛的武艺和勇猛精神，团结军中一批武勇之士杀敌制胜。戚继光抗倭的第一场仗，就是嘉靖三十五年（1556年）在龙山所的战斗。是年八月，倭寇800余人窜至慈溪，进掠龙山所。龙山所属宁波府，正是戚继光分守的范围。刚上任的戚继光闻讯驰往高家楼待敌。参将卢镗、副使许东望、王询、游击尹秉衡等共率军万余御敌。但倭寇根据以往的经验，并不把明军放在眼里。在三个倭酋的带领下，倭寇分成三路冲杀过来。数量占绝对优势的明军竟然抵挡不住，纷纷溃退。戚继光登上一块高石，张弓发箭，一连三箭，三个倭寇头目应声倒地。已经溃散的明军重新集合起来。三路倭寇群龙无首，被明军赶跑。

九月，又一股倭寇来犯龙山所。龙山所北临大海，东对沥港和伏龙山，地势十分险要，是通往省城杭州的门户之一。当倭寇攻来时，浙江巡抚阮鹗亲督戚继光和俞大猷率军阻敌。双方在龙山附近展开激战。官兵奋起杀敌，三战三胜。倭寇乘夜逃跑。此二战后，戚继光威名大震，倭寇不敢轻易再来犯。群众为感戚继光抗倭之功，举旗聚会以示庆祝，此大旗会之由来。

二说大旗退敌。三北有抗倭俗言，曰："沿海三十六灶，前山七十二岙，要兵随多随少，要打随迟随早。"嘉靖三十五年（1556年）秋天，倭寇又一次前来侵犯镇北，这次敌寇从施公山方向而来，群众望得后，急报戚继光，而戚继光正在宁波前线，调兵回击已来不及，便命一卫兵火急奔驰施公山，按计行事。卫兵来到施公山，从怀里取出一面绣着"戚"字的大旗，叫人悬挂起来。并传谕家家户户拆被面床单，一时山海民众搬出往旧迎神赛会用的锣鼓铳炮，带着锄头、扁担，分头向海边集结。霎时，整个镇北大地人山人海，旗帜遮天蔽日，锣鼓铳炮和杀声震天动地。倭寇刚刚靠岸，正想登陆行动，忽听炮声连天，又见旌旗遍地，"戚"字大旗迎风飘扬，以为中了戚家军埋伏，吓得慌忙逃窜。后群众一路扛着旗帜，鸣锣放炮，庆祝胜利。

从此，镇北一带便兴起了"大旗会"，一直延续400多年。

余华达、方　东　搜集整理

06

| 民俗信仰篇 |

拜地藏王菩萨

每年七月三十夜，宁波老百姓要在地上插香，拜地藏王菩萨。这是咋起因的呢？

从前，有个姓王的员外，全家吃素，省落铜钱修桥铺路造凉亭，行善做好事。这一年，王员外的儿子刚满七岁，一个道士对王员外讲："这小孩聪明伶俐，我想收为徒弟。"王员外一口答应了。道士给小孩子起了个法名叫"目莲"。目莲刚离开家，王员外突然死去，家里人讲："员外良心好，上天做神仙去了。"谁知王员外的妻弟讲："姐夫良心好没好结果，阎王爷喜欢好人，他被阎王爷叫到地狱吃苦头了！"王员外妻子一听有道理，把过去修的桥、铺的路、造的凉亭统统撬掉、拆掉了，还每天吃鱼吃肉，开口骂人。

阎王爷得知王员外的妻子介坏，把其捉来，关进第十九层地狱，叫她永世不得投胎。

过了十八年，目莲修道回来成了神仙。当他得知娘亲的境遇后，十分伤心，一心要搭救娘亲。他到西天雷音寺向佛祖求助，佛祖念目莲是个孝子，交给他一根锡杖，一只斗钵。

目莲用锡杖捣开地狱，用斗钵救活了娘，背着娘上天而去。半路里，娘说口渴了，要水喝。目莲一挥手，捞来一把龙汗给娘止渴。娘喝了龙汗讲："龙汗味道介好，龙肉味道更好了，娘想吃龙肉呢！"

目莲娘话音刚落，母子俩从半空中跌落来，娘又进了十九层地狱。目莲闭着眼睛，也上不了天，做了地藏王菩萨，这日是农历七月三十日。

以后，每年到了七月三十这日，人们吃过晚饭就在地上插香，为的是要地藏王菩萨睁开眼睛，看看世上谁是好人，谁是坏人。

选自《中国民间故事丛书·宁波北仑卷》

滕占能　搜集整理

拜灶跟菩萨

宁波民间素有农历十二月廿三祭拜灶跟菩萨的习俗，说起这还有个动人的故事呢！

从前，东海边的一个小山村里有一对年轻夫妻，相亲相爱，勤勤俭俭。他家屋前有一版稻田，屋后有几十株金柑树，日脚过得蛮安稳。

谁知有年过年，男人进了赌场。一赌二赌，赌上了瘾。女人好言相劝，男人一句也听勿进，田里生活不去做，山上金柑不去管，没过几个月，夫妻俩辛辛苦苦积聚起来的家产被男人赌得精光。女人见家里已住不下去了，只得流着眼泪离开了家，到外地一个大户人家做了佣人。

女人走后，男人赌性仍然不改，不到一年连仅剩的一间草屋也赌掉了。从此，他日里没饭吃，夜里没处困。到了这地步，男人才想起女人在家时的安定日子。他越想越伤心，越想越后悔，禁不住大哭起来，把眼睛也哭瞎了。他想："过去老婆待我这样好，我却不听她的劝告，如今弄得这个样子。"于是，他下决心一定要找到她，死也要死在她面前。主意打定，伊人就摸索着找来根青竹棒，笃一笃，摸一脚，沿路讨饭寻找老婆。瞎眼男人不知摸了多少路，过了多少村。有一日，他站在一大户人家门口求乞，主人见了就让女佣人拿点饭菜来给讨饭的。女佣人见这瞎眼讨饭的有点面熟，仔细一看，不由大吃一惊："这不是我那冤家男人吗？怎么连眼睛都瞎了，衣衫贼破，骨瘦如柴，人不像人，鬼不像鬼啦！"女人忖忖眼泪直淋，急忙到厨房间又端来一碗男人最喜欢吃的芋艿羹，顺手拔了九根头发放在芋艿羹里。盲子一嗅到香喷喷的芋艿羹，想起过去自己老婆常煮的芋艿羹，不由得一阵心酸。吃着吃着，慢慢又吃出九根长头发来。他突然明白，这个女人一定是我的老婆，一时觉得没脸再见她，随之，一股悔恨之情涌上心头，于是一头撞在阶沿石上，鲜血直流，顿时咽了气。这天正是十二月二十。他老婆怨他，恨他；见他死了，又可怜他，同情他。她请人画了一张丈夫的像，贴在灶梁上。先在八月初三丈夫生日那天弄来几个生芋艿供一供。到了十二月二十三日晚上，又在灶梁上摆上芋艿羹等几碗蔬菜，点上香，供祭她丈夫。

次年十二月二十三日晚上，女人又祭拜丈夫，不巧被女主人撞见了，就奇怪地问："你在拜祭谁呀？"女人听到女主人查问，不免有些慌张，稍后，便笑眯眯地回答："这画像是我买来的，听说是灶跟菩萨，我在拜灶跟菩萨，为的是保佑东家四季平安。"主人听了很是高兴，夸她是个有心人。就这样，一传十，十传百，家家户户把八月初三视为灶君菩萨生日，用素菜祭供。素食中必有一碗芋艿，后来演变成从这天起才能吃芋艿，称作八月初三"开芋艿门"，十二月二十三晚上都贴灶跟菩萨像，用包括芋艿在内的素食祭拜灶君。

拜灶跟菩萨慢慢成了乡间一个风俗，一直传到今天。

沈锦文　口述
滕占能　搜集整理

拜桥洞菩萨

以前，宁波乡里头的石桥都有个桥洞菩萨，正月十四夜，会有许多老太太焚香点烛去祭拜，那么，这桥洞菩萨是怎么来的呢？

老早以前，一个渔翁跟一个水鬼结下了很深的情分。白天，渔翁在河里抓鱼，水鬼就把鱼儿往渔翁的网里赶，渔翁抓到了鱼，回家烫热了酒、煮熟了饭，水鬼就与渔翁一起喝酒，谈天说地。有一次，水鬼对渔翁说："老兄啊，我在水里，白天身上像针刺一样难受，晚上脑子像被炸开一样痛苦，不知这难熬的日子何时能到头啊！"渔翁回话说："老弟啊，你以为我的日子舒服吗？我天天起早摸黑的，也清苦得很呐，大家都不容易，凑合着过吧。"

一日，水鬼告诉渔翁说："老兄，这下好了，明天有个女人要到河里洗衣裳，一件衣裳会被河水漂走，她下水捞衣裳，我让她淹死，做我的替死鬼，我的苦日子就可以让她过了。"渔翁没说什么，只是把水鬼的话记在了心里。第二天，渔翁果然在河边看到一个妇女来洗衣裳，没多久，还真有件衣裳被河水漂离了河岸。那妇女刚准备下河捞取，渔翁急忙上前阻止，替她把衣裳捞了上来，那女人很是感激。晚上，渔翁照例与水鬼喝酒，水鬼很不开心，埋怨渔翁多管闲事。

几日过后，水鬼又对渔翁说："明天有个后生挑了一担馒头去丈母娘家，过桥时，头上的帽子会被风吹落河里，他下水捞帽子，那是必死无疑了。"渔翁听了心里暗暗吃惊，嘴上也没说什么。第二天早上，渔翁等在桥头边，果见一个后生肩上挑着一副担子，嘴里哼着小调朝河边赶来。快上桥时，忽然刮起一阵大风，把后生的帽子掀到了河面上。那后生放落担子，卷起裤脚要下河捞帽子，渔翁看见赶紧大喝一声："后生，河水很深，你会淹死的！"说完"扑通"一声抢先下了水。河中的水鬼见渔翁又来作梗，心中好气恼但不忍心把好朋友淹死，只得让渔翁把那顶帽子捞了上来。

几个月过去了，水鬼一直闷闷不乐。有一天，水鬼兴致十足地对渔翁说："哈，明天我的愿望可以实现了！有个女人因夫妻吵架，要来这河里寻死，这下总该轮到我脱身了吧！"第二天，渔翁一早赶到河边守着。天刚亮，果见一披头散发的女人哭泣着朝河边赶来，渔翁赶紧上前劝告道："妇人，你为一桩小事丢下儿女不顾去寻死，将来要后悔的。"那女人被渔翁劝，顿时醒悟过来，于是谢了渔翁返家而去。

从此，水鬼再也不跟渔翁提找替死鬼的事了。

一晃三年过去了，一天，水鬼跑来跟渔翁告别道："老兄啊，我很感激你，我因千日不曾害人，玉帝老爷提升我专事管理桥洞，也算是个小小的官儿，我能有今天这个结果，真得好好感谢你呢！"

从此，乡间的每座桥都有了一个菩萨，人称桥洞菩萨。这渔翁因积德无限，以后成了周朝八百年的开国大臣——姜太公。人们传说姜太公能用直钩子钓到鱼，那都是水鬼向他报恩的结果。

滕占能　搜集整理

拜十殿阎王

宁波城隍庙里塑有锯锯磨磨落油锅的十殿阎王,交关吓人。古人为啥要造这种吓人的阎王殿呢?这要从郭子仪教训儿媳妇讲起。

郭子仪是唐朝赫赫有名的三朝元老,唐皇见他忠心耿耿,就把自己的囡许给了郭子仪的儿子。婚后,公主以为自己是皇帝的女儿,看勿起公公郭子仪。

有一日,公主去御庙进香,路上碰到郭子仪,故意要公公让道。郭子仪的老家人同公主的丫头争了起来,郭子仪出轿一把拉过老家人,忍着气说:"公主要我让道,我就得让道。"郭子仪回到府中,气得三日也吃勿落饭,老家人肚里也有气,骂道:"做人吭大吭小,初一、月半进啥香,拜啥菩萨?"这一骂,郭子仪忽地想出了对付儿媳妇的法子。

第二日,郭子仪派人在御庙旁边又造了一座庙,塑着锯锯、磨磨、落油锅、割舌头、挖眼睛、抱火烧屋柱、上尖刀山、过奈何桥、剥人皮这样阴森可怕的十殿阎王。十殿阎王造好后,郭子仪叫庙道长对香客讲:"做人循规吭矩,死后要被十殿阎王锯锯磨磨落油锅呢!"公主又去御庙进香时,顺便在庙旁看了十殿阎王,又听到庙道长的话,吓得其"刮刮"发抖,以后就孝敬公婆了。

后来,人们为了劝人为善,各地纷纷造起了十殿阎王。

选自《中国民间故事丛书·宁波北仑卷》

余华达　搜集整理

鲤鱼放生的由来

宁波一带农村，逢年过节，或者在举办红白喜事的时候，都要在桌上供奉一条大鲤鱼，而且还要放在红色的木祭盘里，待供祀结束，再将鲤鱼归入江河放生。这种习俗是怎么来的呢？

据说，明朝早期，那年的腊月底，一郑氏太公从岱山一带渔民中收购了许多腌晒的海鲜品，装满一艘大沙船后，乘着大海涨潮，取道灰鳖洋回樃浦，打算年前年后在当地销售。这一路上可谓是顺风顺水，只一个潮头，大沙船就顺利地驶进了浦的乱帐蓬江。

正当船上的老板、老大和七八个伙计都高高兴兴以为马上能到家门口的时候，不知为啥，沙船突然船尾一沉，停滞在江中心。这里无风无浪，船又没有触礁，为啥船尾会沉定是船漏了！船老大下舱一看，果然发现舱底有水，便吩咐众伙计赶快下半篷，人往船前靠，尽快撑篙靠岸。大家按照老大吩咐做后，整条船才慢慢平稳下来，船舱里也不漏水了，亏得这里是内江，风浪也小，船终于有惊无险地靠上了码头卸货！为查明原因，船上的人顾不上休息，很快就将整船的鱼货搬上了岸。

这一搬可把全船的人吓得目瞪口呆！原来那船底不知什么原因竟裂开了一个大洞，船底已经积聚了许多漏入的江水。然而更让大家感到惊奇和庆幸的是，这个裂开的大洞里居然游进来一条四五斤重的大鲤鱼，鱼尾在船外，鱼头在船内，整个身子刚好堵住了漏水。要不是这条鲤鱼救急，恐怕全船人连货物都要翻沉在江里了！再细看，那条救命的大鲤鱼头、尾还在晃动，鱼嘴还在张合。

于是，船主郑氏太公和船老大关照船工拿来了一把小刀，慢慢地将船底那个漏洞挖大，那条鲤鱼也借着水力，一下子就脱离裂缝，而进入船舱。船老大亲自动手，轻手轻脚地捧起大鲤鱼放入了江中，然后和郑氏太公一起，带领其他水手船工跪在岸边，向着鲤鱼游去的方向三叩头，对它救人救货表示感谢。那大鲤鱼也许有灵性，也许是命大，入水后先是静躺了一会儿，接着就头一摆，尾巴一甩，钻入深水而径自去了。

以后，郑氏族人凡逢年过节，或者在举办红白喜事的时候，都要在桌上供奉一条大鲤鱼，而且还要放在红色的木祭盘里，待供祀结束，再将鲤鱼归入江河放生，说是不忘当年大鲤鱼救命之恩。

选自《中国民间故事丛书·宁波镇海卷》

滕占能　搜集整理

上梁贴对联的来历

宁波乡下农村建新房上梁时,一定要贴副大红对联:"立柱喜逢黄道日,上梁正遇紫微星。"为什么要这样写?有啥来源?这里讲给侬听听。

紫微是天上三垣之一。因其中有天皇大帝星,后引申称皇帝也为紫微星。据说,乾隆皇帝有一次微服私访到杭州,突然听见放爆竹之声,乾隆皇帝问乡民,方知是乡民方某家此时正立柱上梁。乾隆皇帝也精通择吉、推算,查出这天是大凶之日,不知其家为何选择此日上梁,就走过去问个究竟。主家告诉乾隆皇帝:"择吉先生说,今天虽是大凶煞日,但今天必有紫微星会到,诸凶煞皆避,反为大吉之日。"乾隆皇帝一听,信服地点了点头。

从此这副对联便成为立柱、上梁的专用对联之一了。

余华达　搜集整理

栋梁披红抛馒头

在宁波民间，造新房上栋梁时，要挑黄道吉日，置办一桌上梁酒，敬鲁班，同敬祖先。上栋梁一般在早上，但需在潮涨的时分，意示家庭福禄寿喜财等能如潮般涌进。潮涨时分一到，木匠泥水预先用铜钱（不能用钉子）把两块红布或红绸红绫钉在每间房屋栋梁的中间部位上，接着，将栋梁升起安放在梁位上。给栋梁披红的习俗，原来有个动人心魂的故事。

从前，有个青年叫邬心开，上京赴考，名落孙山，因无钱食宿，便走出东门，倚在一棵粗大的杨树下休息，不久就睡着了。在梦中有人把他唤醒，见站在面前的是位眉清目秀的年轻女子，问他为何待在这里，邬心开就说了自己的不幸。姑娘说自己父母双亡，以卖豆腐为生，邀他到家里休息。邬心开一边读书，一边帮助姑娘卖豆腐，又教姑娘识字，时间一久两人产生了感情，并结了婚，日子过得很和美。

谁知有一年，皇帝要建造一座宫殿，急需一根很粗的大梁。监造的工头看上了东门外的那棵大杨树，可是怎么砍也砍不倒，大杨树白天被砍了几豁口，到夜里又长满了。于是皇帝下了一道圣旨：谁能砍倒这棵大树，赏黄金三千两，并提拔做官。邬心开卖豆腐时看到了这道圣旨，回家后说给妻子听，其妻脸色凝重地说："要把杨树砍下，需要在三月三，时辰不可错，鸡叫头一遍。这是天机不可泄露。"原来她就是这棵杨树的精灵，思凡来到人间，觉得邬心开还可靠，就不经意说了这个秘密。

不料，邬心开竟去揭了那道圣旨。三月三鸡叫头遍时，他带着十几个木砍树，果然把大杨树砍倒了。皇帝龙颜大喜，赏他黄金并封了高官。上栋梁那天，谁知这根大树怎么也抬不起来。皇帝又犯愁了。午睡时见有个仙女告诉他："大梁难架实难架，百人千人难抬它，要想大梁架上去，心开人皮披梁架。"皇帝醒后就命邬心开架梁，当然架不上去，于是就命人剥下他的皮，披在梁上，这大梁立时腾空而起稳稳架上了。

此后，人们造房时改披一块兽皮，但血淋淋的很吓人，最后改用一块红布或红绸红绫，以示镇邪吉祥喜庆欢乐。栋梁架好后，新屋主人夫妇，用箩筐抬来大箩馒头，用绳子吊上梁去，上边的木匠就势把馒头朝下抛，聚在下边的大人小孩子开始抢馒头，营造出一幅欢乐吉祥的场面。

滕占能　搜集整理

船头要画大眼睛

早先，海里的船都是没有眼睛的，后来咋会有眼睛了呢？

听讲有户姓陈的三兄弟，本来是在内河扪鱼的。后来，他们听人讲海里鱼多，用畚箕舀都会舀得着。三兄弟听了心里热热的，便把平底的在内河的"泥鳅船"哼扎哼扎推到海里去了。

有一日，海上无风也无浪。这只船好好的，却翻掉了，只有三阿弟独自人抱着一块船舱板逃条命回来。"这风平浪静，船咋会翻的呢？"三阿弟横忖竖忖，忖不通。隔壁有个阿木公，走过来讲："三弟哎，有时节船被大鱼顶着也会翻的啦！我忖忖，这海里大鱼吃小大鱼，假使我们把船变得像鱼的样子，鱼便没有胆来冲撞。"

三阿弟一听，这办法好。两个人当夜动手，在船头嵌上了一对大眼睛。有眼睛的船一落海，鱼还忖是同伙格，高兴死了，一班一班游拢来一道嬉玩。三阿弟扪了一船又一船的鱼。

后来，这事一传十，十传百，渔船都画上眼睛了。

选自《中国民间故事丛书·宁波余姚卷》
滕占能　搜集整理

柏吉兴笑

宁波、台州一带，有这样的习俗：若遇到不吉利、不顺心的事，只要讲一句"柏吉兴笑"，就会消灾解难。为什么呢？这里有一个有趣的传说。

从前，有个农民叫柏吉兴，因兵荒马乱，夫妻双双逃到东海之滨，盖起一座茅屋，垦种着一亩薄田，安下身来。但时运勿好，连年灾荒，生活清苦。

俗话说："呒结煞，靠菩萨。"一天，柏吉兴来到屋后半山腰一座山神庙求佛。这座庙年久失修，菩萨衣衫破烂，面孔也伤痕累累，看上去怪可怜的。柏吉兴还是诚心地祈祷："菩萨，我有一亩薄地，能保佑我稻谷丰收，我用活人头来谢你。"菩萨一听，暗暗高兴，心想：其他礼品都尝过，只是没有吃过活人头。这供品新鲜奇特，一定要尝尝鲜。就保佑他这一次吧！

这一年，柏吉兴果然获得大丰收。他也不失信，等稻谷入仓，一切收拾停当，便高高兴兴地走进庙堂，不慌不忙地走近佛桌，看见供桌当中有个大洞，就一骨碌从桌子上钻进去，再把头从桌面上伸出来对菩萨讲："山神菩萨、山神菩萨，一亩薄田，五谷丰登，今来还愿，望你领情，家徒四壁，囊中空空，供上活人头一颗，聊表寸心。若明年再保丰收，我要用四只脚，谢你。"菩萨一听，又好气又好笑，心想：刁民虽狡猾，但也无可指责，他许的是"活人头"，当然不能从脖颈割下来，只是我想得太美，尝鲜心太切，没有考虑周到，让他钻了空子。他明年许的愿是四只脚，这四只脚，非猪即牛，非牛即羊，即使是小到兔子，也是佳肴。这口福，明年一定能享了。

转眼到了第二年，柏吉兴又得了好收成。他匆匆来到山神庙，背着一只麻袋，真的还露出四只脚。这时，菩萨可真馋得等勿及了。谁知，柏吉兴放下麻袋，解开袋口，捧出一个四只脚的小凳子，放在佛桌上。然后一本正经地跪在蒲团上，弯腰弓背，合掌叩头："小民柏吉兴，托菩萨洪福，一亩薄田，收来五百斤稻谷。做了一条小凳子，供你享享眼福。明年若再丰收，我一定挑来猪牛羊鸡鸭五牲福礼，让你补享口福。"说完又把凳子放进麻袋，大步回去菩萨看看他背影，真正气煞，但仍无可发作。他许下的愿是四只脚，并没有讲猪羊，凳子也是四只脚，当然可以说得过去。也可能他不懂得菩萨的心思：口福重于眼福。总算好了，这次他许下的愿，是猪牛羊鸡鸭，他是个诚实人，从没有骗过人，明年我总算能享享口福了。菩萨这样一想，气也消了，心也定了。

第三年，柏吉兴又获丰收。他准备好猪牛羊鸡鸭五牲福礼，挑着箩担上山来了。他一进山门，大笑着讲："菩萨，柏吉兴又来还愿了！"菩萨一看，他着箩担，更像样了，嘴巴笑得像畚斗。柏吉兴从箩里一样样捧出供品，在佛桌上排列着猪、牛、羊、鸡、鸭。快脚快手地点好香烛，整整衣冠，跪在蒲团上，虔诚地祈祷："三谢菩萨保佑，赐我三年稻谷丰收，凡人吃素为修行，神仙吃素一定会长寿。明年若菩萨保佑我再丰收，我保证拿千条命供你享受。"菩萨一看，供桌上摆着的都是用面粉捏的大拇指大小的五牲福礼，只只惟妙惟肖，形象逼真。菩萨这次真生气了，心想：连续三年上当，此仇不报非君子。千条命虽好，但只好割爱，不能再保佑他丰收。我要等水稻抽穗扬花以后，早他一个月，叫他株株白头，才解我心头之恨。

但是，第四年，柏吉兴的庄稼又丰收了。他拿了"千条命"兴冲冲地来到山神庙，一迈进大门，就高声大叫："柏吉兴又来还愿了！"菩萨因佛门冷落，正在打瞌睡，听着说话又惊又喜：喜的是有千条命可尝，惊的是我要他稻谷白头，怎么又会丰收？柏吉兴捧出"千条命"放在供桌上，又跪着合掌叩头，诚心诚意郑重其事地说："谢谢菩萨保佑！我是吃有余，穿不足，所以不种水稻种棉花，遇到好天气，连续晴天，个个裂开了嘴巴。我今天献上'千条命'感谢大慈大悲、救苦救难、我们的好菩萨！假使明年我再丰收，一定要用一头牛来谢你。"菩萨一看"千条命"，原来是一碗虾籽，但在道理上是讲得过去，因为这一碗虾籽还不止一千条命呢！可恼的是，我要他水稻白头，他倒改种了棉花，反成全了他。棉花丰收正应验"白头"这两个字，神仙反倒被凡人愚弄。菩萨越忖越气，暗暗发狠道：管你什么真牛假牛，明年不再在"头"字上做文章，明年我要让你的田里"长脚"，随你种棉花种水稻，都要你倒霉。

谁知第五年，柏吉兴种的庄稼又丰收了。他牵了一头牛，走进庙门就笑：

"柏吉兴又来还愿了。"菩萨一听，差点气昏过去。菩萨简直不相信自己的眼睛，不相信自己的耳朵，站在前面的人又会是柏吉兴。他把牛拴在菩萨身上，自己跪着祈祷讲："谢菩萨，我有吃有穿，想换换口味，种了芋艿。今年芋艿又多又大，这全靠你的能耐。我今天牵来一头牛，让你当小菜。你杀了它，肉好吃，骨好卖，牛皮好挡寒，牛肉清炖、生炒随你便。你有多少本事，多少戏法随你变。你若帮人帮到底，明年再保我大丰收，我一定重修庙宇，来谢你百依百顺、百听百从的山神大仙。"柏吉兴说完走出山门。菩萨又气又恼又恨，无名火有三丈高，正要发作，这时，牛犊子饿了，见主人走了，也跑出了山门。因为牛绳缚在石头菩萨上，所以菩萨也跟着在地上打起滚来。菩萨叫苦连天，马上上告玉帝。玉帝下旨叫伽蓝菩萨去相救。

这时，柏吉兴正在田里劳动，看见牛逃出来，就去牵牛。牛向茄子地逃去。他看到老婆拿着篮子在地里摘茄子，就大叫："快把茄篮放下，把它拉住抓牢。"刚巧伽蓝菩萨也在拦牛。一听柏吉兴的话，还以为是说："快点把伽蓝菩萨拦住抓牢。"吓得屁滚尿流，拔脚就逃。柏吉兴夫妻俩把牛抓住，这才抱起石头菩萨送回山神庙。这时，山神菩萨想：柏吉兴呀柏吉兴，我已经对你佩服得五体投地了。我与你斗了六年法，斗了六年智，都败给你。听到你发笑，我就回避你，绝不与你计较。

从此，柏吉兴儿孙们有不顺心的事，只要说一声"柏吉兴笑"就会逢凶化吉，化险为夷。

选自《中国民间故事丛书·宁波余姚卷》
余华达　搜集整理

姑娘为啥穿耳环

早先,浙东有个名叫阿喜的姑娘,心灵手巧,长得又好看,人人见了人人夸。可是,有一天她忽然头痛得厉害,昏了过去,醒来时,眼睛瞎了,她交关伤心。

一天,有个姓刘的郎中路过,见阿喜倚在门口渐渐地哭,一问才知她的眼睛瞎了。刘郎中蛮同情,说:"姑娘,别太伤心了,让我治治看,治不好别怪我,好吗?"阿喜说:"好呀,好呀,谢都来不及,咋会怪你。"刘郎中从包里掏出两枚银针,在她的左耳垂上猛地一扎,哈,奇怪呀,阿喜的左眼略微看到了一点白晃晃的光!在她的右耳垂上一扎,阿喜的右眼也看到了白光。刘郎中说:"姑娘,眼睛只能慢慢地亮,日子久了会好的,可我有急事要走了,就把这两枚银针留在耳朵上吧!"郎中动手将针弯成了圆圈,留在阿喜的耳垂上。

后来,阿喜的眼睛果然好了。她为了感谢那位姓刘的郎中,没将那圆圈取下来,一直挂在耳垂上。闪光的银针配上她好看的脸蛋,阿喜更美了。姑娘们都看她的样,打了金的、银的圆圈戴在耳垂上,把它叫"耳环",一直流传到现在。

翁颖英　搜集整理

请龙求雨的传说

马秀珍吃仙桃变龙娘的消息传开了，她父母知情后悲痛万分。这一年大旱两月有余，附近农户的庄稼枯死了一大半。马员外听说小女秀珍的大儿子——住在天井山的龙太子能呼风唤雨，便带领全村男女老少，抬着龙娘外公的铁神位，供上祭品，敲锣打鼓，浩浩荡荡来到天井山向龙太子求雨。说来也怪，他们完成祭祀仪式，尚未走出天井山，大雨便随后而来，一直跟着到了村边，使那里的农田解除了旱情，作物获得了丰收。人们感谢龙娘生了个好儿子，也感谢龙太子为民做了一件大好事。因此，每当遇到大旱季节，那里的百姓都会去五龙潭向龙太子求雨。

请龙求雨灵验的消息传到了天井山附近老百姓的耳中。起初，他们也抱着试试看的心态去向龙太子求雨，还真很灵，有求必应。打这以后，鄞西带每当遇到大旱季节，百姓们都会在族长带领下，塑上龙太子的神像，供着全猪、全羊、全鸡、全鸭、全鹅等祭品，敲锣打鼓，三步一拜，向天井山龙太子求雨。龙太子也感谢善良而虔诚的子民，年年使他们风调雨顺。这事一传十，十传百，不久便传到了县太爷那里。县太爷为感谢五龙潭龙太子施雨有道，于北宋建隆元年在天井山建造了天井院和五龙神堂，专供请龙求雨者膜拜。

时间转眼到了明万历十六年，知县徐延绶上山求雨，见这里山清水秀，在天井山山岗上有一块偌大的平台，便建造了一座求雨祭坛。自此之后，每当遇到大旱季节，县太爷都会带领子民在祭坛跪拜三天三夜以求雨。说来也怪，自明朝起，只要县太爷请龙求雨，几乎次次如愿应验。后来，由于年年风调雨顺年成好，也没有出现大的旱情，百姓和官府忘记了祭祀。

有一年，天不作美，大旱三月有余，由于几代人未去天井山五龙潭求过雨，如何祭祀、去哪里祭祀，大家都不知道了。为了解除旱情，族长便带领百姓四处奔波求雨。第一天，去银山寺潺潺水的小龙女那里求雨，可只下了几点毛毛雨；过了几天，去溪东尚化山的龙娘那里求雨，可是只有闪电就是没有雨点；后来，他们跑到铜坑回峰洞向龙二太子求雨，结果也只有几天阴天，没有一点雨丝。无奈之下，族长只好带领百姓日夜挑水抗旱了，百姓们受尽了苦难。

这一天，天气炎热，阳光毒辣，天井山龙太子感到头晕目眩，便召使者前来询问情况，使者说："大旱已经三月有余，庄稼枯死了一大半，老百姓都在日夜挑水浇灌田地呢。"龙太子一听，吃了一惊，心想：几百年来众百姓未来求雨，我一时也图个清闲，想不到已经到了挑水浇灌的地步。于是，他马上叫使者前去察看旱情。使者察看旱情后禀报说："如不及时施雨，老百姓就要颗粒无收了。"龙太子立即召集龙子龙孙，鸣锣开道，顷刻间，乌云密布，雷鸣电闪，下起了倾盆大雨。众百姓一见此景，马上点上香烛，向天井山磕头跪拜，感谢龙太子雪中送炭，救了大伙性命。秋收后，众百姓重塑了龙太子雕像，供上祭品，敲锣打鼓，鞭炮齐鸣，到天井山龙潭感谢龙恩。

后来，人们编了一首顺口溜：请请潺潺水，三日雨毛丝；请请回峰洞，三日阴洞洞；请请尚化山，三日龙闪闪；请了天井山，雷雨像酒盏。自此之后，不管是大旱还是小旱，鄞西百姓都要向天井山龙太子祭祀，一直沿袭了好几百年。这请龙求雨习俗，直至20世纪六七十年代"破四旧"时才被废除。现在，随着五龙潭景区的开发，这一请龙求雨习俗作为龙文化祭祀活动项目，又得到恢复。

选自周静书主编《中华龙传说》

余华达　搜集整理

舞龙的由来

在宁波人的心目中，龙具有呼风唤雨、消灾除疫的功能，所以古代宁波人极力希冀得到龙的庇佑，由此形成了在祭祀时舞龙和在元宵节舞龙灯的习俗。关于舞龙的由来还有个传说呢！

相传很久以前，浙东小溪岸边有个荷花村，村前有一个荷花池，池塘里长满了荷花。每到夏季，碧绿的荷叶铺满水面，无数朵出水荷花，袅袅婷婷，鲜艳无比。

荷花池边住着一对勤劳善良的青年夫妇，男的叫百叶，女的叫荷花，夫妻俩男耕女织，相敬相爱。这一年，荷花怀了孕，过了十个月，孩子却没有生下来。又过了一年，还是没有生下来，直到九百九十九天，才生下了一个男孩。百叶见孩子生得端正健壮，心里好生喜欢。再仔细一瞧，倒是错愕不已：这孩子的胸口脊背上长着细细的龙鳞，金光闪闪，耀人眼目。数一数，有九百九十九片。旁边的接生婆一见，大吃一惊，嚷道："哎呀，了不得，你们家里生了个龙神！"

消息传遍村子，人人都来道贺。消息惊动了村里的老族长，他儿子在朝廷做官，他的身边留着个横行霸道的丑孙子。这祖孙俩一听到百叶家里生下龙种，立刻手持钢刀要来砍杀。乡亲得到消息，马上给百叶报讯，大家细细商量，想出了个办法：将孩子放在脚盆里，悄悄把他藏到门前的荷花池中。

老族长和他的孙子带人冲进门来，孩子已经不见。族长老头儿见找不到龙种，抓住百叶逼他交出来。孙子见荷花长得美丽，心生一计，举起钢刀杀死了百叶，把荷花抢到家里。老族长心想：龙种没有了爹娘，即使活着，也必定饿死。再说荷花会生龙种，将来龙种会生在自己家里，这天下就是我家的了。

荷花被抢到老族长家里，想念丈夫和孩子，十分悲痛。族长老头儿逼着她去淘米，荷花拖着淘箩走到池边，轻轻漾动池水，忽然一阵凉风吹来，荷塘深处，花叶纷纷倒向两边，让出一条水路来，只见自己的儿子就坐在脚盆里，向她漂来。荷花又惊又喜，连忙将儿子抱到怀里，喂饱了奶水，仍然放回脚盆里。一阵凉风，脚盆又漂回到荷花丛中去。荷花晓得儿子没有饿死，心里十分高兴。

自此，她一日三次到池中淘米，就给儿子喂上三次奶水。这样喂了九百九十九天，儿子渐渐长大，满身龙鳞金光闪亮。到了夜里，荷花池中光芒四射。村子里的老百姓知道龙种没有灭掉，暗暗高兴。老族长得知龙种竟在荷花池中，又生毒计。

一天傍晚，荷花到池边淘米，祖孙两个躲在杨树丛里察看动静，只见碧波荡漾，花叶浮动，一阵凉风吹来，荷塘深处徐徐漂来一只脚盆，盆中坐着个满身金色的孩子，欢乐地举着双手向淘米的荷花扑过去。荷花满心欢喜，正要伸手去抱，杨树丛中闪出个人，举起明晃晃的钢刀直向孩子砍去。刹那间，只见孩子从脚盆里倏地跳起来，化成一条金色小龙，向池中跃去。可是迟了，那一刀砍着了小龙的尾巴。荷花丛中停着的一只美丽的大蝴蝶，忽然飞过去，用身子衔接在小龙的尾部上，用一对美丽的翅膀变成了小龙的尾巴。

小龙长吟一声，霎时间，狂风大作，乌云翻滚，满池荷花的花瓣也纷纷扬扬飞旋起来。霹雳闪电之中，小龙的身体渐渐变大，化成了数十丈长的巨龙，在荷花池上空翻腾飞跃。这时，一阵龙卷风卷了过来，小龙腾空而起，乘风直上，飞入云端。这阵龙卷风好不厉害，那个砍龙尾巴的人被卷到半空，抛得无影无踪。族长老头儿见孙子被风卷走，"噗通"一声，吓得跌进荷花池淹死。荷花看见儿子化成一条蛟龙飞上天空，大声呼喊，但蛟龙已经飞得无影无踪。

自此以后，小溪两岸每逢干旱，小龙就来散云播雨。当地百姓为感谢它，就从这个池中采摘了七七四十九朵荷花，用了九百九十九叶花瓣，制作成一条花龙。因为不到一千叶，所以取名百叶龙。每年春节，老百姓就要敲锣打鼓来舞龙。

滕占能　搜集整理

喜鹊为喜鸟的由来

宁波地区俗信喜鹊为喜鸟，鹊鸣兆吉的观念已积淀为宁波人的传统情结，人们不仅把飞鹊临门栖枝欢鸣当作喜事来临的好兆头，而且严禁捕喜鹊掏巢，唯恐失去好运。

梁山伯与祝英台杭城读书，书房门前一枝梅，树上喜鹊成双对……向你梁兄报喜来……与此同时，画鹊兆喜的风气也很流行，品种多样，如两只鹊儿面对面叫《喜相逢》；双喜鹊中加一枚古钱叫《喜在眼前》（以"钱"谐"前"）；一只獾和一只喜鹊在树上树下相对鸣叫《欢天喜地》（以"獾"谐"欢"）等。流传最广的，则是喜鹊登梅枝报喜图，以"梅"谐"眉"，故名喜上眉梢。

喜鹊为什么会被视作喜鸟，鹊鸣兆吉的观念又是怎样形成的？

浙东民间传说：古时天地间第一对鹊儿生在梅月，当时万木凋零，鹊儿只能栖息在腊梅树上。因其上体羽色黑褐，人们称之为"黑鸟"。浙东人习惯上在腊月里办喜事，黑鸟儿瞧见屋内院外鼓乐齐鸣，热闹非凡，故在枝上叽叽喳喳鸣叫。于是人们觉得再叫它黑鸟不吉利了，就取腊梅的"腊"字半边配"鸟"字，成"鹊"字，并开口讨彩说：鹊儿在树上的吱吱声是给新人贺喜来的，从此后"喜"与"鹊"相连成了最受欢迎的角色。

另有一种民间说法，谓喜鹊为喜鸟，与牛郎织女的神话传说有关。织女与牛郎因违相爱而被玉皇大帝硬行分离，王母娘娘用金钗天上划了一道裂痕，然后变成一条天河叫银河。牛郎织女从此夫妻俩分离的故事，在秦汉时期已经普遍流传。后来人间的同情者让鹊儿充当了他们之间的幸福使者，每年"涉秋七日"牛郎织女相会时，天下的喜鹊都飞向天上银河，在千里银河上搭起一座鹊桥，让织女踩在成千上万的鹊儿头上，渡过银河与对岸牛郎相会，顿时万民敬拜喜鹊，受天下人刮目相看，成为男婚女嫁、夫妻美满的象征。直到今天，人们仍把撮合美好的姻缘称为"搭鹊桥"。

因此鹊为喜鸟，当然是不言而喻的，当新人成婚时，宁波地区的习俗，把剪好的成对喜鹊与大红双喜贴在门上、窗上和大型家具的面盖上。

余华达　搜集整理

乌鸦叫凶的由来

乌鸦叫凶是宁波民间流行的动物禁忌。俗信以为乌鸦是凶鸟，遇之不祥；如当头鸣叫，更是灾祸发生的预兆。谚云"乌鸦头上过，无灾必有祸"，"老鸦叫，祸事到"等，均是此类观念的反映。

乌鸦为何会被视作不祥之鸟，鸦鸣主凶的观念是怎样形成的？

相传春秋时，鲁国有个能听懂鸟语的人，名叫公冶长，贫而闲居，无以给食。某天有老鸦飞临他家，叫道："公冶长，公冶长，南山有只大绵羊，你吃肉，我吃肠。"公冶长听后寻到山里，果得一只无主的大羊，食之有余。后失主追踪而至，竟诬公冶长偷羊，讼之鲁君，鲁君不信鸟语，遂将公冶长逮捕入狱（明田艺蘅《留青日札》卷三一）。公冶长因此蒙受不白之冤。人们为他打抱不平，认为那只老鸦为公冶长招来了灾祸。从此，乌鸦就被视为招灾引祸的不祥之鸟。

有人认为，乌鸦是不祥之鸟的观念，可以追溯到史前时代。初民在探索宇宙万物奥秘的过程中，企图借助想象中的力量改造恶劣的生存环境，于是诞生了解释自然、征服自然的神话。乌鸦是不祥之鸟的原始信息，其实就包孕在这种出于玄想的神话之中。在中国神话系统中，曾经有过一个"十日并出"的酷热时代，当时"焦禾稼，杀草木"（《山海经·海外西经》），人类生存受到严重威胁，于是"羿仰射十日，中其九日，日中九乌皆死，堕其羽翼，故留其一日也"（《楚辞·天问》"羿焉毙日，乌能解羽"，王逸注）。人们因此确立了日载于乌、日中有乌的认识，也产生了乌鸦为害人间的意识——"十日并出"的责任在于载负太阳运行的乌鸦不守轮流飞行的规则，一起跑了出来。"留其一日"的载负者，是给人类带来温暖与光明的"金乌"；它的降落世间的同类，则是祸害人间的罪魁。

人类跨进文明时代后,这种认识依然随着上古神话的代代流传而保留下来,并沉淀为乌鸦是不祥之鸟的俗信。《诗经·邶风·北风》曰:"莫赤匪狐,莫黑匪乌。"可见在西周、春秋时期人们的心目中,乌鸦已被铸成丑恶的象征。后世常有把鸦鸣与"天火烧"联系起来的俗信,从中也依稀可寻"驮日之乌"神话的痕迹。

滕占能　搜集整理

药渣为何要倒在路上？

从前，浙东一带百姓有将煎过的中药渣倒在路上的习俗，直到现今，还有人沿袭着这个习俗，企盼药"倒"病除，或是通过众人的踩踏把毛病带走。其实这是个误会，当你弄明白古人倒药渣的缘由后，你就不会这么做了。

相传，很早以前有个名医叫李时珍，他一心为民治病，不但亲自上山采药，口尝百草，编写了中外闻名的《本草纲目》，而且还走东家，串西家，上门行医。他医道高超，手到病除。

有一次，李时珍来到一个偏僻的乡村，只见田地荒芜，村庄冷落，许多人生病了。他见村南有间快要倒塌的茅屋，就走了进去。见屋里有位老人正在病床上呻吟，李时珍赶紧上前给老人号脉，发现其实老人得的并不是什么疑难杂症，只不过是简单的伤风感冒。他麻利地解开包，取出些鲜马鞭草、羌活、青富等草药，煎好给老人喝了下去。不大会儿的工夫，老人出了一身汗，病就基本上好了。李时珍见老人精神了，就问道："老伯，你这病怎么不请医求药哇？"老人叹了口气说："不瞒神医，我已吃过好几服药了，只是不见好哇！"李时珍心中纳闷，既请医生看过，怎么不见好呢？他请老人把江湖中的药渣拿出来，仔细看，原来大多是些假药劣药，这才解开了他心中的疙瘩。

李时珍为老人医病的消息很快在村里传开了。这下，不但本村的人，就连外村的人也请李时珍看病，而且都拿出了很多存药让李时珍检查。这一查不要紧，原来也都是些假劣药。这件事一传十，十传百，很快传遍了大半个中国。人们都想让李时珍看病，可李时珍又不可能为每人看病验药。为此，李时珍就告诉人们，把吃完的中药渣倒在路上，等他路过这里时，会仔细查看，如发现假劣药，他会上门告知。

故此，人们都把煎过的药渣倒在路上，等候神医查验真伪。就这样，药渣倒在路上的习俗慢慢地盛行了起来。

还有个传说是，一个乡医为病人开的药方正确，但药房抓错了药，使患者病情加剧。当病家追究这个乡医的责任时，乡医对照药方查验药渣，证明自己开的药方准确无误，是药房抓药失误，以后便嘱病家将药渣倒于路边起到公示和备查的作用。

沈锦文　口述
滕占能　搜集整理

理发店为啥挂吕洞宾像

八仙之一的吕洞宾,生性闲散,常常扮成商人、道士、士大夫样,云游四方。

有一天,他走到一爿理发店去剃头,店里只有老板和徒弟两个人,给吕洞宾剃头的是徒弟,老板对徒弟说:"我要到亲戚家去串门,中饭回来吃,你上午一定要做好剃三个头的生意,勿要偷懒。"徒弟喏喏地答应着。

等老板出门,吕洞宾问这徒弟:"假如上午剃不到三个头的生意,老板会咋待你?"徒弟说:"轻则骂,重则打。"接着又告诉他:"我的手艺和老板差不多,只要有客上门,能剃好三个头的。"吕洞宾笑着说:"可我这个头特别难剃,头发长得快!恐怕你一个上午也不好。"徒弟听了勿相信,哪有头发长得比剃得还快的,可还是用心地为他剃头。一会儿工夫,他才明白这头果然难剃,剃了左边,长了右边,剃了右边,长了左边。剃了多时,头发一根没少,反而越剃越长,徒弟急得浑身是汗。

中午,老板回来了,他见徒弟还在为吕洞宾剃头,可光火呀,大骂徒弟,打了他两个耳光,夺过剃刀自己动手替吕洞宾剃起头来,马上剃光了,徒弟也看呆了,怎么回事?这时老板替吕洞宾剃胡须了,哪知老花样又来了,左边剃光,右边长了,右边剃光,左边又长了。越剃胡须越长,越剃胡须越硬,碰到刀锋铮铮响,换了几把剃刀都碰卷了刃。老板这时心里才明白,今天遇到异人了,就恳求说:"怪我火大,错怪徒弟,请客人高抬贵手,以后我不再打骂徒弟了。"吕洞宾笑着说:"不是我的胡须难剃,而是你动手打了徒弟两个耳光,我一气之下连胡须都硬了起来,既然你认了错,我胡须也软了。"老板一面认错,一面叫妻子备酒备饭,表示为客人消气。就这样,吕洞宾就让他剃光了胡须。

饭后，吕洞宾说："我不能白叫你剃头，白吃你的饭！"他从账台上拿来毛笔，信手在理发镜上涂了一通，对着镜子说："镜里黄鹤舞，店里生意来。"说罢，抛笔而去。老板被弄得哭笑不得，今天真是做了亏本生意。他见镜子被涂得一塌糊涂，拿了揩布去抹擦。不揩还可，一揩镜子里竟现化出只活的黄鹤，拍拍翅膀，翩翩起舞。"嘿，遇着仙人了。"老板赶紧焚香望空朝拜。以后，只要有客人进店，镜里的黄鹤就会起舞相迎。

消息传开，来理发的人差点挤破店堂，生意越来越好。时间一长，老板扩充了店面，又用了不少伙计，小店成了大店。那黄鹤起舞的理发镜，摆在店堂正中。进店的顾客，先看鹤舞，后理发。门口也挂了大字招牌：鹤舞理发店。老板也想，最好这个神仙再来，多画几只鹤，我的财会发得更快更大。

这天，吕洞宾真的又来了，老板焚香迎接，请入客厅，以丰盛酒筵相待。酒过三巡，老板说："仙长画的黄鹤招来生意兴隆，我想把生意做得更大，想请仙长再画几只鹤，不知能恩赐否？"吕洞宾听了，朝他一笑说："区区抬手之劳，怎么不可以呢？不过镜中这只黄鹤已经起舞多年，该召回去让它休息了，我另外再给你画几只吧。"老板听了，欢喜非常，马上拿来了笔墨和镜子。吕洞宾将手一招，镜中黄鹤就走了出来，站在吕洞宾身旁听候使唤。吕洞宾拿起笔又在镜子上乱涂一通，涂毕，嘱咐道："此镜需过一个时辰才能用布去揩，现在我去也。"说着双脚骑在黄鹤背上，腾空远去。好容易挨过一个时辰，老板仔仔细细用布在镜上揩呀揩呀，可镜子里没显出黄鹤，却有这么一首诗：

   为人要仁爱，

   千万莫贪财，

   见利起贪心，

   立时报应来。

  （落款）吕洞宾

老板看了，目瞪口呆，懊悔莫及。可他还不死心，请来了妙手丹青，画了一幅吕洞宾的像，挂在中堂，但愿能感动吕洞宾再次光临，仍画上一只鹤招揽生意。后来，别的理发店也学样了，就一直流传下来。

滕占能　搜集整理

07

风物篇

明州城与天封塔

大约在一千多年前的唐朝，当时皇帝派大元帅尉迟恭监工，在明州城（即宁波）建造了十八格高的天封塔。开光那年，皇帝亲笔赐封，所以叫作"天封"。

明州地处东海，每逢八月半大潮，狂风滚滚、波冲浪击，把刚建好的天封塔吹得摇摇欲坠。为了避免风灾，有一个能工巧匠就用木头雕成了蜘蛛，放在天封塔的顶上，用来避风。这只蜘蛛，长年累月，日晒夜露，吞日月精华，吸天地灵气，年年月月，慢慢变成了一只神目如电、光芒四射的"停风蜘蛛"了。从此，明州就风调雨顺，五谷丰登，人民安居乐业。

在天封塔下，有几条小河交叉着，汇合成为一个三角地带，人们称之为"三角里"。"三角里"住着很多贫苦的渔民和手艺工人，渔夫白天捕鱼填不饱肚子，只好夜间再捕。每到傍晚，天封塔的"停风蜘蛛"张开明亮的眼睛，照得"三角里"的河上路面到处银光闪闪……

"三角里"住着一户穷苦的渔夫，名叫阿毛，家里只有个七十岁的老娘。阿毛娘逢年过节，总是拎只香篮，朝山拜佛。如今年老体衰，爬不动山了，香篮也不用了，就把它吊在窗口。天封塔上那只"停风蜘蛛"，自从有了灵性，常常拖长线，银光闪闪，顺着风，长啊飘啊！那根银丝刚巧一直拖到这只旧香篮里。于是，"停风蜘蛛"沿着银丝爬到了香篮上，用尾部轻轻一点，就把一根银丝从塔顶到香篮连了起来。每到静静的夜晚，蜘蛛总是悄悄地顺着银丝爬进阿毛娘的香篮里。

这一天，来了一位采宝客，到阿毛家门口，抬头忽然看到吊在窗前的香篮，上面有根银丝伸展到天空，一直连接到天封塔顶。他顿时心里一阵喜悦，连声赞道："真是个好宝贝呀！天封塔的'停风蜘蛛'可让我找到了。有了它，我的商船就不用怕什么大风大浪了。"于是，采宝客就对阿毛娘说："老大娘，你的香篮卖给我好吗？"阿毛娘看了看采宝客，说道："香篮不卖，我是烧香拜佛用的。"采宝客又说："老大娘，我给你十两银子，可以再买很多个新的用嘛。"阿毛娘听说要给十两银子，吃了一惊，心想：一只旧香篮，他肯出这么多银子买，内中必有蹊跷……于是故意推辞说："不卖，不卖！"采宝客听阿毛娘说不卖，急了，于是把买价提到四十两。阿毛娘越想越犯疑，就说："客官，我真人面前就不说假了，你先把香篮的用处说清楚，然后大家再定价钱。"那采宝客没法，只得说："老大娘，对你实话说吧，我不单要买你的香篮，还要设法捉住每夜顺银线下来的一只蜘蛛哩。这种蜘蛛，在本地没啥用，我把它拿到海外去，倒可以给海船避避风浪哩。老大娘，我就出你二百两银子，现在先付你十两定银，我晚上再来，一手交钱，一手交货。"说着"哐啷"一声，把一块银子丢在桌上，人便离去了。

傍晚，阿毛回家来，他娘就向他讲起白天采宝客要来买香篮的事情。阿毛仔细观察蜘蛛的银丝，思考了片刻，对娘说："娘，我看这只蜘蛛一定是天封塔顶上的'停风蜘蛛'，不能卖啊！明州是大禹治水时用过的船，东西长，南北宽，四面城墙是船舷，鼓楼是中舱，八角楼是橹嘴，天封塔是桅杆啊！天封塔没有'停风蜘蛛'，就要倒塌。天封塔一倒，这'船'就要翻身了，全城的人不是遭殃了吗？"阿毛娘想想也对，可又为难地说："不过，我已收下定银，等会采宝客来了，怎么办呢？"阿毛想了想，就同娘耳语一阵，老人家点头同意了。

过一会，果然采宝客来了。阿毛娘见了，就把定银退还，一口回绝了他。采宝客见阿毛娘没有半点活动的余地，便假装心灰意冷的样子回船去了，背后却打了个转身，躲在附近的草棚里。

天慢慢地暗了起来，"停风蜘蛛"顺着银丝爬进了香篮，张开眼睛，照得"三角里"一片银光。人们都在这银光下说说唱唱，十分高兴。就在这时，有个黑影窜进了阿毛家，举手想去拿香篮。只听得"当啷"一声，一把鱼叉刺着黑影的手腕。原来是阿毛与娘在暗中保护着，这黑影就是采宝客。阿毛的鱼叉震得香篮左右摇晃，惊动了"停风蜘蛛"，它很快地爬出了香篮，顺着银丝，慢慢爬上了天封塔。

采宝客吃了大亏，连滚带爬地逃出了"三角里"。他怀恨在心，过几天，趁着人们没有防备，就一把火烧了天封塔。火越来越大，一格二格三格，大火一直烧到了第十八格，烧着了"停风蜘蛛"，只见金光一闪，就天昏地暗，飞沙走石。采宝客被吹到急流滚滚的大江里去了。这时，大地剧烈地震动起来，天封塔东摇西晃，人们只见那天封塔一格格地陷入地下，直到陷入了第五格，大地才开始平稳。就这样，十八格的天封塔只剩下了十三格；而且东洞、西洞，千疮百孔，塔身还有点倾斜。没有了"停风蜘蛛"，"三角里"夜里失去了光亮，显得一片冷落。后来，人们把这地方叫"冷静街"。阿毛家前面的那条横巷，因为当年"停风蜘蛛"纺过丝，便叫为"纺丝巷"。

选自陈可伟主编《甬上风情》
滕占能　搜集整理

宁波风俗传说 >>>

关帝庙的传说

宁波市中心月湖畔有个关帝庙，清康熙年间（1662 – 1722），提督李显祖重修。"民国"四年（1915年）改为关岳庙，同祀宋武穆王岳飞。但有关这座庙的来历，在民间却另有传说。

相传，明代刑部执事陆懋龙是阿拉宁波人。他在朝中做官的时候，交关会拍马屁。为了寻找做官的靠山，他就千方百计地去讨好当时的东厂总管、大太监魏忠贤。为了表示对魏忠贤的忠心耿耿，他就在如今月湖居士林东面的地块上大兴土木，挖空心思地为魏忠贤建造一座生祠。可是就在生祠刚刚造好之后不久，魏忠贤却倒台了。陆懋龙一想不好，交关怕因为这件事而受到牵连，就又急忙差人对魏忠贤的塑像来了个彻底"整容"。

原本魏忠贤面白而无须，他就将魏忠贤像的面孔涂成了红色，下巴处添上了长长的胡须，这样就使魏忠贤的塑像摇身一变，变成了关公的塑像，当然衣服也换成了关老爷的，并且在其旁边又增塑了关平、周仓等塑像。经过这样对魏忠贤祠的一番改头换面之后，生祠终于变成了关帝庙，而且重新题写了庙额。所以，当朝廷派人前来查抄有关魏忠贤的东西时，看到的就只是一座关帝庙了。又因为人们都敬重关公，所以也就没有人前去管闲账告发他。这样，就使得陆懋龙侥幸地逃过了一劫，关帝庙也就这样遗存至今。

选自《中国民间故事丛书·宁波海曙卷》
滕占能 搜集整理

雪窦寺的来历

离雪窦寺西北十里,有爿相量岗,号称雪窦第一峰。相量岗上有两块大岩硼,有一丈多高,悬悬宕宕的立勒岩壁下头,这两块石顶上架勒块六尺长石条,叫仙人桥。为啥这山就叫"相量岗",这桥又叫"仙人桥"?就为有三个和尚坐勒桥上相量过造雪窦寺桥事件。

那时,雪窦山周围并没一个庵堂寺院,有一日,相量岗上来了三个和尚,师父叫智能,两个徒弟叫静空、日空。仨和尚心里明白,浙东有块宝地,藏龙卧虎,就一路寻来。来到山岗石桥处,看到脚下祥云盘旋,远处又有三条大江汇集,流向东海,就一屁股坐落相量。智能先开口:"阿拉走了九百九十九日,翻过九百九十九山头,到过嵩山少林、东岳泰山、杭州灵隐、南海普陀、宁波灵峰,还是比勿过这里。侬看,这里前有天台山,活脱脱就是七十二朵金芙蓉供在前头,后有四明山,绿郁郁当作三十六颗碧莲花遮在后头,左首有座婆罗峰守候,右边是个菩提弯服侍。在这里造个寺庙,非但香火必旺,也能为我佛增光,两位徒儿以为如何?"俩徒弟一听,心里是清清楚楚明明白白,可惜俩徒弟各人自念一本经,师父讲了一白篮五斗,他俩还是闷声勿响。介末智能愈加牢生意,打算落脚。

当日,智能就在雪窦山腰的千丈岩顶端一块平地上,搭起个茅棚,取名"瀑布院",这就是现在格雪窦寺。

俩徒弟亲眼目睹,看师父在宝地落脚,心里交关气勿过,其实,这两个和尚翼梢股已硬,早想各自造窝,另立门头。大徒弟静空就来勒瀑布院后首,搭起个茅庵叫"上雪寺",想切断师父风水龙脉。智能老早看透静空来勒做鬼戏,就随手举起禅杖，朝后一通，通出条九曲十八弯，该水碧绿，后人叫作"十八夸"。但为仔智能力道太大，锡杖脱手飞向西北，勿见去向，智能就叫二徒弟日空去追寻。日空追勒三日三夜，结刹来勒化龙庄后山坳寻看锡杖。心里勿想拨师父当差，就在宝杖着地处搭个茅棚，叫"杖锡寺"。

　　想勿到雪窦寺后面拨智能锅杖一捅，反捅出个金龙戏珠，风水更好，雪窦寺香火兴旺，代代扩展，到了宋朝，便成"天下禅宗十刹"中的一个了，当真成了江南名刹。这辰光寺院占地一千三百亩，啥格佛殿斋大宫、钟楼经阁、禅房藏室，足足有千把间。一口大锅，顶得过乡下一间小屋。特别是大雄宝殿，高大雄壮，四大金刚，塑得跟活格一样。溪口人讲，蒋介石后来坐天下，着实是沾了雪窦寺风水宝地格便宜来！

选自《中国民间故事丛书·宁波奉化卷》
滕占能　搜集整理

龙山海庙的传说

相传，1628年明朝崇祯年间，皇帝昏庸腐败，奸臣当道，政治危机四伏，加上连年灾害，国库空荡，粮棉受灾，人民生活贫寒。皇上发旨天下各府进贡粮食，各地贪官污吏借机搜刮民脂民膏，百姓怨声载道。这年阴历六月初，两广总督接到皇上圣旨，要广东大米20万斤，限期一月内速运京城。当时广东府里有个很有名气的米行，"大管家"姓王名庭宣，早年父母双亡，无妻无儿。他30多年来一直闯南走北，专为朝廷运粮运米，为人正直，从不欺压民工，船队上下个个对他十分敬佩，人人都尽力工作。

众民工听说是吴总督又命王管家押送粮食，民工无不跟随。

择日，登船起程，撑起篷帆，乘风破浪行驶而来。行驶了三天里程，突然东南风大起，浪高数丈，桅杆断裂，船工掠起，船有翻覆的危险。庭宣无奈，只得听众人劝告，船队被迫避风。因风大浪急，船队随浪漂流，后来恰好靠岸在浙江慈溪伏龙山下东边西门外一带，李家村北面海塘边。

六月中旬，赤日炎炎，王庭宣上得岸来，眼见伏龙山一带万亩良田禾苗干枯，水利失修，农民粮食颗粒无收，百姓遭灾，人人长吁短叹。庭宣看此情景，心中犹如弓箭穿心，决心为民救难，把20万斤大米救济给龙山闹饥荒的百姓。当天告示民众，然后上船开仓，雪白的大米哗哗地流入每户百姓的袋筐里，万民跪拜在地，千谢万谢"王恩人"。

大管家王庭宣心中深知朝廷王法难容，暗思此生反正总有一死，不如早有个归宿。

第二天清晨，人们发现大管家王庭宣已投海自尽。

龙山一带百姓为纪念王庭宣的救命之恩，在他死的岸边破土动工，建起一座约有160平方米的海庙，庙内又塑了他一尊像，百姓每日烧香敬拜，以作纪念。

到了大清盛期，乾隆皇帝下江南，察看后得知此事，赞不绝口，一时兴起，毫笔一挥，为王庭宣题上"慈父候皇"四个大字。百姓立牌供位，从此海庙声誉大增，香火更旺，直到1955年春海庙倒塌。1958年大跃进大搞农田基本建设时挖掘庙基，在庙的东面地下还发现了7块长3公尺多、宽50多公分的福建松木船板呢。

1949年春，从大蓬山上冲下来一只猛虎，在黑夜里闯进龙山海庙大门，第二天早晨，管庙人打扫庙殿，发现东厢房里有响声，他从木格子窗中一眼看去，一只比大公猪大的黄色带黑斑花纹老虎，正在爬上灶台寻食物吃，管庙人赶忙拉紧厢房大门，扣上长铁门环，赶紧叫来四邻村民。一个懂捕猎的人说赶紧钉上门窗，严禁老虎外奔伤人，一面拿来干石灰，二人爬上屋顶，掀开瓦片，往屋里撒石灰，只见满屋粉飞扬扬，石灰进入老虎的咽喉和眼睛，老虎痛得满地乱滚，两眼出血，发不出声音，最后张着大口，只顾喘气，无力跳跃。古人云：虎落平阳被犬欺，龙游浅水遭虾戏。二天后一动也不动，村民才进庙把老虎杀掉，皮剥下来，去油脂、晒干做好一件上好的虎皮披风，穿在海庙菩萨的身上，直到一九五七年大搞农田基本建设时拆庙改田。

余华达　搜集整理

老江桥的来历

很久很久以前，宁波甬江原是一条狭长的小河，两岸住着几十户善良朴实的农民。

那时河东有一户人家，夫妻二人还有一个婆婆，生活过得倒还和睦。有一年端午节，媳妇桂兰正在河边淘米，忽然，一条像孩子手臂那么粗的鳗游了过来。她顺手一挽，用淘米箩把它兜回家来，心想给丈夫补补身体。婆婆见了也很高兴。于是桂兰把鳗杀死、洗净、烹熟后，一家人欢欢喜喜地吃了中饭。

不多时，她丈夫哈欠连天，就去房里休息。眼看两个多时辰过去了，还未见他起床，房里又无声无息，桂兰就进去催他下田干活。进房门，猛看到床上有血水正滴滴答答往下流，吓得她大叫了起来。揭开被子一看，床上竟是一具湿漉漉的尸骨和头发，肌肉早已化成血水渗透了整个床铺。婆媳俩大哭起来。那婆婆痛子心切，口口声声讲："定是你媳妇谋杀亲夫，毒死我儿。"于是告状到绍兴府。

桂兰在公堂之上哀哭道："求大老爷明察，小女子实在冤枉！"绍兴府老爷倒是个明白人。他看到桂兰老实巴交的，不像是那种刁奸之妇，就把她暂押在牢房，一面急速派人前去查访。衙役回来说："桂兰平时安分守己，夫妻和睦，邻居们作证说桂兰不会毒死亲夫。""那人是怎么死的呢？"老爷一时难以断明，因而终日苦思天。他的师爷兴冲冲地对他说："老爷，凶手查到了！""谁？""鲤！""鲤？"师爷说："我今天从一本古籍上看到，书上说'鲤，形似鳗，雌雄为对，毒甚'。民女桂兰，见识少，认鲤为鳗，其丈夫误食而亡无疑矣！""有道理，有道理！"老爷听了大喜，立即叫人把这条小河的水淘干，果然捉到另一条鲤。老爷决定让一个杀头的犯人去吃，吃前对犯人言明：如果不死，免罪和释放，死了算你活该。"罪犯求生心切，满口答应，很快将鲤吃了下去，果如桂兰丈夫一样，不久肌肉便渐渐地化为血水。案情终于大白。桂兰回到家里，婆婆深感惭愧。

老百姓都极口称赞这位老爷的清正，特地在小河上造起了一座桥来纪念他，名为老鲤桥。天长日久，小河变成了大江，小桥拆掉了，造起了钢筋水泥的灵桥，他们叫不惯，还是依照"鲤"的谐音，叫它老江（镇海方言，读 gang）桥。

选自《中国民间故事丛书·宁波镇海卷》

滕占能　搜集整理

孝子门楼来历

奉化大桥直街陆氏家谱记载：明朝正德年间，浙江龙溪（今奉化）直街有个陆家弄，闾门内住着生员陆洪及其老母，家道殷实、母子情深。陆洪侍母至孝，不愿远离老母赴试，故无一官半职。

是年，老母西去，陆洪悲痛万分。到了出殡之日，陆洪不让埋葬。众人苦劝无果，只好等他昏睡后，半夜里偷偷地将棺木移至大路边，第二天上山埋葬。

说来也怪，第二天早上人们发现有蛇缠盘在棺木上，出丧时路上有雉鸡伴飞。陆洪醒后不见棺木，号啕不已，族长太公只得告诉他已埋在方门对面的陆家山上。从此，陆洪在山上结茅为庐，誓不下山。而灵堂内午夜偷尸将亡者移至大路边的独特习俗却一直被沿袭了下来。

陆洪孝行感动天地，某年有京城官员从宁海经过奉化，轿至方门，时值春天，见满山杜鹃似火，唯独一处山间盛开白花，心里大惑不解。询问路人，方知陆洪守墓始末，赞叹不已，回京后奏明皇上。正德皇帝亲行龙溪私访，见果有其事，便御书"明旌表生员陆洪孝行之门"，地方官员随即营造孝子门楼，并赐陆洪进士身。门楼造好后，正中高悬"圣旨"两字。自此，文官下轿，武官下马，显赫一时，传为美谈。

选自《中国民间故事丛书·宁波奉化卷》
滕占能　搜集整理

龙头场石人山

很早以前,三北龙头场还是一个海滨小村,村上男人种田、砍柴、晒盐;女人纺纱、织布、绣花,日子过得倒也安宁。后来,从普陀山来了一个和尚,落户在达蓬山半山的一个石洞中。这个和尚身高一丈,腰大二围,头如海中礁岩,耳如椰叶蒲扇,相貌十分难看。但他奔跑如风,来去无踪,整天在石洞内盘气练功,妄图称霸一方。

那和尚十分霸道,腹中饥饿时,就下山到村中强行化缘,餐食斗余,荤素不论,村民若稍有怠慢,不是拳脚相逼,就是放出身边竹筒中装的毒蛇来恫吓村民。当地村民给他起了一个"石秃和尚强讨饭"的外号。

龙场村里有一个名叫杨伟的后生,性格刚毅豪爽,精通棍棒,在村上颇有威望。他见石秃和尚如此横行霸道,弄得村民人心惶惶,心中早已愤愤不平。杨伟曾聚集众人,与那"强讨饭"厮打,但总不是他的对手;报与官府,一月多来也杳无音讯。

一日,那石秃和尚在对面山偷了一袋还未成熟的番薯,背至石洞内,然后又翻山来到杨伟家中高声讨吃。杨伟岳母是个聋子,山南桃花岙人,来女婿家做客,不明情况,自顾擦洗碗筷。石秃和尚见这个老太婆迟迟不予施舍,不由火冒三丈,大吼一声,从竹筒中放出一条眼镜蛇来,用手指轻轻一弹,那蛇就张口吐舌"呼呼"窜向聋婆婆。刚巧聋婆婆转身,见蛇后不慌不忙,伸出右手,飞快地钳住蛇尾巴,抖擞了几下,用力一弹,"啪",那蛇躺在地上不再动弹了。原来那聋婆的丈夫以捉蛇为生,她也跟着学了一手捉蛇的本领。"强讨饭"见此,恼羞成怒,一掌打在聋婆婆右胸。那聋婆婆顿时向后倒在地上,头破血流,不省人事。杨伟的妻子闻讯赶到,扑在娘身上号啕大哭。石秃和尚不以为意,动手摘下冷饭淘箩，搬来冷菜，坐在门前石凳上猛食起来。吃饱后，又将剩余饭菜倒入粪缸里，自顾扬长而去。

杨伟妻子的哭声和村民们怒骂声传到了九霄云外，惊动了过路的赤脚大仙。大仙禀报玉帝，玉帝大怒，就派降妖菩萨韦陀和雷公电婆前来镇压。

那石秃和尚刚从村庄里出来，缓步蹬上三十七步石梯，走过小石桥，绕过青枫岩，越过"静德庵"大门，向达蓬山石洞返回时，忽见乌云密布，飞沙走石。他料知有异，就急忙钻进溪坑中一块岩石下躲藏。此时韦陀菩萨早已看得清清楚楚，从半空中扔下一根镇妖杖将他压住；电婆圆目怒睁，打开神扇；雷公须发倒竖，手握着砸妖榔头，只听得惊天动地巨雷连炸五响，那半山腰白光闪耀，乱石尘土冲向半空。一会儿工夫，那和尚被炸得粉身碎骨，他躲藏的地方，也变成了一个三丈多高、缺耳断臂、只有半个脑袋的石头人。此后，当地百姓就把村前这座山叫石人山了。

后来，谁家小孩要糟蹋粮食时，大人们总要说："糟蹋粮食罪过，当心天雷劈煞。"镇北一带还流传着这样一首民谣：饭倒粪缸丧良心，作恶多端雷击顶。

余华达　口述
邱雄正　采录

庙宇塑龙头的来历

唐太宗李世民做皇帝辰光，京都长安发生了大旱，连河底都晒裂了。

一天，鬼谷仙师在城内一小河的河底里翻土种茄子。刚巧，这天泾河老龙闲来无事，变作一个老人，到长安城里走走。路过河边，看到一个人在河底种茄，不觉哈哈大笑说："老兄，河底种茄不怕浸死吗？"鬼谷仙师头也不抬说："放心，近来不会下雨。田里种茄要旱死，这里种才有收成呐！"老龙暗忖：天下的雨都是我落的，他咋会知道近来不下雨呢，就说："我看这河底种茄迟早要淹死的。"一个说有收成，一个说要淹死，你来我去，互不相让，最后两人打赌，说好谁输就割谁的头。过了几天，天上玉皇大帝知道长安一带旱情实在太重，发了慈悲之心，就叫泾河老龙去行些雨，要城内三分、城外七分，解解百姓干旱之苦。

谁知这老龙一心想赢鬼谷，故意把雨七分下在城内，三分下到城外。结果，城里大水成灾，房屋倒塌，浸死了不少百姓。泾河老龙违抗了玉帝旨意。

再说长安城内大水一退，鬼谷仙师仍旧在小河底扶起被泥水淹没了的茄苗。泾河老龙来到河边，对鬼谷仙师说："老兄，天下了大雨，伊的头咋话？"只见鬼谷气呼呼地说："泾河，你存心违抗圣命，颠倒降雨，淹死城内数千生灵，早已违反天条，自家性命难保，伊还不知道！"刚说着，只见龙宫里的乌龟将军来报告老龙，说玉帝已下旨，要斩泾河龙头。老龙一听，吓得六神无主，心忖这个老头讲话勿简单，不比平常人，或许有解救之法，就连忙跪下向鬼谷求救说："当初打赌实在是一句戏言，还请仙师指点救命之法。"鬼谷忖："俗话说，救人一条命，胜过南海拜观音。"就说，明日午时三刻，玉帝派魏征丞相来杀你的头，你只有向李世民去求求情，或许还有救。"老龙觉得有道理，就拜谢仙师，当夜托梦给李世民说:"请陛下救命,明日午时三刻,务请拖住魏征,使他不能脱身来追杀我。"太宗皇帝也是一条真龙,泾河老龙来求救,就满口答应了。

第二日,早朝结束,太宗有意留住魏征到后院走棋。一盘棋走到午时三刻,魏征忽然伏在棋盘桌上呼呼睡去了。过了一会儿,只见他满头大汗,李世民忖太热了容易醒来,就用扇子扇起凉风。谁知刚扇到第三下,魏征突然醒来说:"多谢陛下龙风相助,才得追上泾河取了头来。"李世民一听,知道自己帮了倒忙,心里交关懊悔。

当天晚上,唐太宗梦见泾河老龙提着一只血淋淋的龙头来讨命。太宗只好答应做七七四十九日水陆道场超度龙王,并且布告天下,把龙头封塑在庙宇屋脊上,世世代代受人香火供奉。从那时候起,各地庙宇的屋脊头上都雕着各色各样的龙头,交关好看。

滕占能　搜集整理

船眼睛的来历

象山的老式渔船，不管大小，均有一对乌黑而有灵气的船眼睛。船眼睛一只紧紧关注着天，能知风云变幻；另一只船眼睛紧紧关注着海，说是能知海涛变化和海里鱼群动向。讲起船眼睛，至今东门岛上还流传着一个美丽而悲壮的故事。

相传很早前，有个捕鱼人，姓周名一郎，他有一个美貌的女儿，叫海囡。父女俩相依为命，过着与世无争的安逸生活。有一天，周一郎在猫头洋捕到一条鱼，形状很古怪，仔细观察，它有副很灵敏的眼睛。它一离开大海，就像很伤心似的，两眼直流眼泪，目不转睛地盯着主人。一郎开了一个玩笑，把鱼流出的眼泪抹到海囡的眼睛里。忽然，海囡的眼睛起了异常的变化。瞬间，她就能看透海底的一切，哪里有暗礁、哪里有鱼群，什么时候可以开船了，什么地方可以下网了，一郎和渔民们在海女的指点下网无虚撒，渔船潮潮满载而归。

从此，渔民们过上了富裕的日子。不多久，这消息传到渔霸耳朵里，渔霸仗势凌人，把海囡抓走，说海囡是海妖，把她关在土牢里，不给她吃喝，逼她说出眼睛的秘密。海囡知道自己落在恶魔手里，是不可能活着出去的。当父亲探望她时，她就毅然把自己的双眼挖了出来，请父亲速将两只眼睛生在船头上，做船眼睛，一只眼睛观天识风云，一只眼睛看海测鱼群，保渔民出海潮潮丰收。

从此，就有了船眼睛。

选自《中国民间故事丛书·宁波余姚卷》

滕占能　搜集整理

泥　马

慈溪市龙山所一带的海边的渔村中，常可看到一种叫泥马的木制交通工具。使用时，双手握住横梁，一腿跪在船后的凹槽上，另一条腿用力向后扫（蹬地），泥马便带着渔人在海涂上飞快地前进，在海涂上捕捉鱼蟹贝类非常方便。

据说，这泥马是抗倭名将戚继光发明的。明嘉靖三十五年，戚继光任宁波、绍兴、台州三府参将，率领义军狠狠打击倭寇。倭寇常常乘坐海船，涨潮而来，登陆后对沿海百姓进行烧杀抢掠，掠夺到粮食、钱财、衣服，便在退潮时遁去。当时龙山所、观海卫一带沿海都用烟墩报警。戚继光看到哪里冒烟，便带领义军飞奔到哪里杀敌。

但杭州湾南岸到处都是软绵绵的泥涂，戚家军在泥涂上走不快，马根本不能行走，有好几次，眼看倭寇在前面不远，等到戚家军赶到，他们早已逃之夭夭了。这件事使戚继光伤透脑筋。要消灭倭寇，一定得创造一种在泥涂上神速飞驰的交通工具。

一天，戚继光在龙山所找来一些山东老兵和三北老渔民商量此事。有个老兵说："在雪地上飞行用滑雪板。泥涂上是否可做滑泥板？"戚继光一试，不行。滑雪杆插在泥中不容易拔出来，更何况滑雪板上不能放武器。一个老渔民建议：应该用木板做成尖头小船的形状，用脚徉行的工具，船上可放武器。戚继光认为这个主意好，便绘了张草图叫木匠制作。原先船上没有竖杆和横梁，俯着撑身子很吃力，速度又不快。戚继光做了改进，增设了竖杆和横梁，使用的人身子可以直起来，用力和掌握方向都方便了。后来又在后梢的凹槽上垫上麻布，使跪着的膝盖不会疼痛。经过反复试验，一种独特的海涂交通工具就这样被创造出来了。因为它在泥涂上跑得像马一样快，戚继光就给它起了个名字——

泥马。

　　戚继光挑选一批身强力壮的义军，在海涂上驾驶泥马。义军们很快掌握了要领，百十匹泥马终于在海涂上像箭一样飞快地奔驰了。从这以后，一闻倭讯，戚继光便率领百十匹泥马驰骋在浙东海疆英勇杀敌。数里之外，顷刻就到。倭寇想逃也来不及，他们被戚家军箭射刀劈，杀个干净。

　　自从有了泥马以后，倭寇再也不敢来侵犯龙山所、观海卫了。

凌渭良　口述
滕占能　搜集整理

戚继光造"海马"

象山人下小海常常带"海马"。"海马"五尺长，一尺多宽，落海人站上去，手按横档，一只脚在泥涂上往后一蹬，海马"吱"一声溜向前去了，在海涂上滑来滑去，方便快捷。这海马是咋来的呢？

从前，倭寇常常到海边来杀人、放火、抢东西。等官兵一到，他们会逃。昌国守将戚继光好几次带兵去追，都追勿着。咋办呢？

转日，戚继光画了一张画，叫了一班木匠，要他们照画样做，做了四千四百只船勿像船、马勿像马的东西，取名叫"海马"。戚继光给每个兵将发了一只，只等倭寇来好派大用场。

次日早上，东洋倭寇又成帮成帮上岸来了。戚继光令旗一甩，只听"轰"一声炮响，这四千多个兵将踩着"海马"，一个个像猛虎落山一样追去。倭寇一看官兵来了，拔脚便逃。官兵靠用"海马"追赶，把这些倭寇杀得精光。

这样，连打几仗，戚继光打赢了。从此，倭寇一见戚继光的"海马"便吓得刮刮抖，魂都吙不了。

老百姓看这"海马"落海做生活，派得着用场，便一代一代传落来了。直到现在，海边头人还在用。

选自《中国民间故事丛书·宁波余姚卷》

余华达　搜集整理

蓑衣的传说

蓑衣是遮雨用的，阿拉这里在外头生孩子的妇女抬到屋里来时，身上总要盖件蓑衣，造屋人家在门窗上也要吊件蓑衣，这种风俗讲起来还有一个传说。

传说在正德皇帝游江南的辰光，有一天走到一个小山村，天就暗了，皇帝想在这里过夜。他看到一间草屋门口有一个老太婆在收柴，走过去就问："阿婆，我出门路过这里，天暗了，你屋里可以让我过夜吗？"老太婆勿晓得是皇帝，回答说："阿拉屋里呒没困地方，交关穷啦。"皇帝又讲："灶沿地坑让我坐坐过夜好了，勿要紧。"老太婆讲："等会儿问问阿拉儿子，砍柴马上可以回来了。"过了一会儿，儿子挑了一担柴回来了，老太婆把事情给儿子讲，儿子讲："随阿姆好了。"皇帝忖这户人家屋里介穷，人倒交关规矩，走进屋里啦。因屋里呒床，皇帝只好坐在灶沿地坑过夜。到半夜里，老太婆恐怕客人受冷，就拿来一件蓑衣盖在客人身上，让他暖和点。

第二天天一亮，皇帝就动身了。老太婆在煮早饭时，看见地上有一张条子，给别人一看，才晓得过夜的是正德皇帝。母子俩把蓑衣当成了宝贝，在皇帝身上盖过了等于是皇帝的龙袍，闲行野鬼都勿走拢来了。因此，妇女小孩后来进屋时唯恐闲行野鬼走进来，为保平安，都要用蓑衣盖、蓑衣吊，以后就成了一种风俗。

滕占能　搜集整理

临山紫花布

阿拉余姚临山北首是杭州湾,广阔的海涂平原盛产棉花(土称本花、吉贝花)。由棉花带动的纺织业源远流长,因阿拉临山地属余姚,因此对外俗称余姚土布,是余姚西北一大特产。临山土布品种繁多,有净白布、无色布、青花布、茄花布等几十种,这些布色彩鲜艳、穿着舒适,每户人家除自穿外,还销往宁波、绍兴、台州、温州,甚至远销福建、安徽等外省。在这许多的余姚土布里,紫花布名气最大。这里面有一个优美动人的神话故事。

传说在老早以前,有一年,天宫王母娘娘生日,各路神仙都来贺寿,有东海龙王、南海观音、西天老佛、南极仙翁、四方尊神、八路神仙等。王母为招待众仙,亲自带领七个爱女和贴身仙婢到御园采摘蟠桃。当王母一行浩浩荡荡来到南天门之时,王母顺便向下界一望,见凡间百姓袒胸露臂,树叶遮羞,顿时生出同情之心。伊吩咐随行的鹊神,要伊回瑶池库房中去拿三颗棉花种子来赐给凡间,让伊织布做衣,以显示王母圣恩浩荡。鹊神领旨而去,到库房把三颗棉籽含在口中急急回程,当伊飞到瑶池大厅时,仙桌上的御酒香气直冲鹊神,这鹊神是很喜欢酒的,一闻酒香,大声叫好,这一叫把含在口中的三颗棉籽掉了下来,两颗落在地上,一颗掉进了御酒杯中,染上了浅紫的御酒色。鹊神连忙捞出那颗酒杯里的棉籽,又啄起另外落在地上的两颗,急匆匆赶到王母处。王母命鹊神向下播种,鹊神一张大嘴,三颗棉籽从天而降,落到了杭州湾南首的姚北平原上。

春去秋来,一年过去了,众仙家又来朝贺王母寿诞,王母想起去年送棉籽之事,便又赴南天门观望,见凡人仍以树叶遮羞,便感到奇怪。七个爱女话:"这是因为下界凡人不懂纺织的缘故。"王母一想,觉得有理,便命七个爱女下凡传授纺织技艺，七位爱女领旨下凡，结果演绎出七仙女与牛郎的爱情故事。

王母得知七仙女与牛郎仙凡相配，不禁心中大怒，急命天兵神将把七仙女捉回。七仙女在回天之际，带回几匹纺织的紫花余姚土布。王母一见，心中怀疑，自古棉花皆白色，何来紫花？鹊神见事已败露，知道瞒骗不过，便把事情的前因后果一一讲明，等候王母处理。谁知王母喜爱紫花布，认为紫花更比白花美，因此不但不给鹊神处罚，而且还大大表扬了鹊神。

后来，王母下旨，牛郎若要在七月七与织女相会，一定要带余姚紫花布来，否则不能相会。因而每年七月七，牛郎上天探亲总要挑上一担，一头是他与七仙女生的儿子，一头是余姚的紫花布。就这样，余姚紫花布不仅是凡间老百姓享用的土特产，就连天上的王母娘娘也喜欢。

选自《中国民间故事丛书·宁波余姚卷》

余华达　搜集整理

布襕

旧时，浙东农村地区中老年人都有在腰间系上一条布襕的习俗。布襕绣着鸳鸯，结着龙凤，还编着各式图案，是精巧的工艺品，传说来自康王逃难。

北宋末年，金兀术打到中原，小康王扮成老百姓南逃。小康王前面逃，金兵后面追。七逃八逃逃到象山黄避岙村。村里晒场头有个十七八岁的姑娘身系布襕在管谷。小康王慌忙中奔过去，讲："大姐救命！大姐救命！"姑娘看面前是个白面书生，神色非常慌张，想不出让他躲避的地方，急中生智，就把康王罩在空箩底下，自己坐在箩顶纳鞋底。

一转眼，金兵追到。金兀术骑在马背上，问姑娘："小女子，有个白面书生是否逃过？"姑娘手指指前面。金兀术以为康王逃过去了，就带兵追去。等金兵追远了，姑娘翻开空箩，对康王讲："委屈你了，把你罩在箩底。"康王讲："大姐，这好比你在楼上，我在楼下，没关系的。"康王见姑娘聪明贤惠，人又漂亮，就把自己的身世讲出来了，还向姑娘许愿："等我赶走金兵，就接你进宫，共享荣华富贵。"姑娘笑笑没回答。康王恐怕寻勿着姑娘，指着她身上的布襕讲："你就在腰间围这一块黑布做记号，到时我来寻你。"

小康王走了，姑娘把这事讲给爹娘听，爹娘便讲给全村人听。村里的女人听了，人人都系上了布襕。

后来，康王打败金兵，登位做了皇帝，他没有忘记曾经救过自己的姑娘，便下了一道圣旨："身系布襕的姑娘进宫受封。"还令文武百官到黄避岙迎接。文武百官赶到黄避岙，见全村的姑娘都系着布襕，没法找到救过康王的姑娘，只得回京奏明皇上。

找不到姑娘,康王下旨:"浙江女子尽封王。"从此,系布襕成了姑娘的爱好。越来越多的女子学着织、仿着围,人人织、个个围,布襕这工艺就越传越广,越织越精巧了。

选自《中国民间故事丛书·宁波余姚卷》
余华达　搜集整理

虎头鞋的由来

虎头鞋是童鞋的一种，因鞋头呈虎头模样，故称为虎头鞋。虎头鞋做工复杂，仅虎头就需用刺绣、拨花、打籽等多种针法，鞋面的颜色以红黄为主，虎嘴、眉毛、鼻、眼等处常采用粗线条勾勒，夸张地表现虎的威猛。

以前家中如有刚出生的婴儿，父母或长辈都要给这个孩子穿上虎头鞋，也叫老虎鞋。因为民间有这样的习俗，所以只要逢哪一家生孩子或办满月酒筵，家中的长辈、亲朋好友就会在鞋店或妇女儿童商店买上一双虎头鞋，作为送给新生儿的礼物。那么，为什么会有这种习俗呢？原来它起源于这样个传说。

从前有个深山冷谷，山上老虎特别多，常常在半夜三更甚至大白天下山叼走孩子和牲口。祸害得山民孩子母亲哭声震天，惨不忍睹。有一年，有对年轻的夫妇生了一对大胖儿子，但怎么都高兴不起来，因为生怕老虎随时蹿下山来叼走他们的孩子。正在百般无奈中，老婆突然站起来对忧心忡忡的老公说："我有办法啦！"那老公急于想知道老婆说的办法，但老婆笑而不答。

那一夜老公又怀抱青柴棍，睡在院门口稻草堆上防守。待天明进屋，只见房内桌上摆放着两双崭新的虎头鞋，原来这是他老婆一夜未睡赶做的。老公惊异地瞪着双眼，依然不明就里。老婆疲惫地笑着说："快给阿拉宝宝小哥俩穿上我做的鞋！你没听说过有句'虎毒不食子'的话吗？当大老虎看到小老虎，它们还会来吃掉我们的孩子吗？"但是老公还是半信半疑。说来奇怪，打那之后，村里别家的孩子又被叼走好几个，但老虎从来都不来他家。

正当这对夫妻暗自庆幸时，突然一只比牛还大的老虎蹿进屋来。夫妻俩吓得急忙钻进床底下，以为这下双胞胎儿子保不住了。正当他们吓得骨骨抖（剧烈颤抖）时，只见那只呲牙咧嘴的老虎来到床边，凑在两个熟睡的小宝宝身上嗅了嗅，又闻了闻穿着金黄色虎头鞋的小脚丫，便扭转头摇着尾巴慢慢地走出门去。这光景才让那老公真正信服了老婆的好办法，连夸老婆聪明。

这个以虎头鞋镇老虎的妙计从此传了开去，年久成俗。

选自《中国民间故事丛书·宁波鄞州卷》
滕占能　搜集整理

鱼骨鸟

鱼骨鸟是用整只鳓鱼头的骨头拼接起来的,挂在窗门头,风吹来飘飘然,同鸟有些像。讲起做这鱼骨鸟,里边还有个传说。

相传东海龙王有三个囡,第三个生得顶好看。三公主在龙宫嬉玩,觉得少趣味,偷偷化作美人鱼,游到海上,被一个抲鱼后生一网抲牢。抲鱼后生见美人鱼好看,带到屋里,养在水缸里。

当夜,美人鱼托梦给鱼后生说:"我是东海龙宫三公主,贪嬉玩到东海被你抲牢,要是被龙王晓得定是性命难保。求你救救我,明日放我回去。"抲鱼后生一觉醒来,忖忖所做的梦蛮奇怪,难道这鱼真的是东海龙王的囡?便起了善心,把这美人鱼放回海里。三公主回转龙宫,常常想起这个抲鱼后生,想得饭也勿吃,茶勿喝了,生了病。大姐、二姐走来看望,三公主一长二短对两个阿姐讲了。谁知五一十都被小鲨鱼听见了,禀报龙王。龙王听了禀报,气死了,传旨,把三公主打入冷宫。

三公主被打入冷宫,每日哭,每夜哭。看门的是条老鳓鱼,心地非常善。见三公主可怜,心想:我横竖没几年好活了,还是做件好事,成全三公主吧。老鳓鱼拿来一把钢刀,抬来一只火炉,把水烧滚,对三公主说:"你莫哭,快点把我头斩落,用我的头骨拼接成一只鸟,这只鸟会帮你逃到人间。"三公主勿肯。老鳓鱼"咔嚓"一刀把自己头斩落,正好掉进沸锅里。

一息工夫,水烧干了,锅里只剩下骨头。三公主也手巧,把鱼骨拼接成一只鸟,这只鸟像活鸟一样会飞。三公主骑上去,"嘟"一声,飞出了冷宫。不大工夫,鱼骨鸟飞到抲鱼后生屋里。

选自《中国民间故事丛书·宁波余姚卷》

余华达 搜集整理

宁波滑子

宁波草席,有的地方称它为"明席""宁席""甬席",但宁波人却叫它"滑子。说起滑子这个名称,有一个有趣的故事。

南宋时期,康王赵构建都临安(今杭州),后又到了明州(今宁波)。有次,金兀术率领一大批骑兵从临安渡钱塘江,经余姚、慈溪,沿后塘河直奔明州。宋高宗赵构吓得要命,他召集文武百官商议对策。正在大家无法可想时,只见元帅张俊上前启奏,说有锦囊之计可以退兵。

原来,张俊了解到明州西乡有多种草席,而席子由席草和麻筋编织而成,十分坚韧光滑。而从后塘河到明州有二三十里路,又都是由光滑的青石板铺成的,只要把草席铺在石板路上,最好的马匹也会四蹄打滑,寸步难行。于是张俊就带了宋军来到明州西乡黄泥墙村(今鄞县高桥镇),与百姓商量。当地百姓为保卫自己的乡土,当夜献出草席好几千张,趁着月光,挑的挑,背的背,与宋军一起将一条条草席铺在沿途的路上。

第二天,天蒙蒙亮,金兵过高桥、新桥,直奔明州而来,骑兵刚进黄泥村,一匹匹马踏上后塘路上铺的滑溜溜的草席,都前前后后地滑倒了,只见到处人仰马翻,旗断鼓碎。金兵欲进不能,欲退不得。这辰光埋伏在道路两旁的宋军和黄泥墙村百姓突然喊声大作,一齐出动来打金兵。金兵措手不及,兵马纷纷跌入后塘河中。没落河的,只怨爹娘少生两条腿。金兵被打得一败涂地。从此以后,明州的席子就称为"滑子"了。

(原载浙江人民出版社《镇蟒塔》)

滕占能　搜集整理

泥鳗船

浙东一带渔民在海涂上捕鱼捉蟹时，常滑行一种轻灵的小船，大家都叫它为"泥鳗船"。据说，这种小船是戚继光将军在龙山抗倭时设计制造的。

明朝嘉靖年间，倭寇时常侵扰浙东沿海，朝廷派遣戚继光将军前来征剿。

一天，倭寇船队从邱家洋海边登陆，进犯龙山。戚将军早有防备，率领三千明军在石塘山打了个漂亮的伏击战，打得倭贼狼狈下海而逃，戚继光将军立即指挥士兵趁机追杀，无奈海涂又汋又陷，跋涉艰难，难以追击，眼看着敌寇登上海船逃之夭夭。

失去歼敌的大好战机，戚将军非常懊恼，茶饭不思，寻求对策。有一天，他偶然看到海涂上的一条小鳗在摆尾游动，就灵机一动，与将士和渔民们商量，研制能在海涂上滑行的木船。经过多次修改和到海涂试练，最后定型为长五尺、宽一尺、舷高五寸、中间装置把柄的翘头单人小船，使用时双手紧握把柄，左膝跪在船尾上，右脚不时在泥涂中间向后挤蹬，驱动小船快速滑行。这种小船行动灵活，进退自如，时速可达二三十里，犹如海鳗在海涂上游动，因此大家都叫它为泥鳗船。

泥鳗船试制成功后，戚继光立即命令工匠日夜赶制，又亲自挑选身强力壮的士兵在海涂上苦苦操练。

时隔不久，倭寇又来侵扰龙山，戚将军胸有成竹，带领士兵与倭寇佯战，打打走走，进进退退，缠住不放。大概过了一两个时辰，海潮渐退，贼船也缓缓驶离海岸。戚将军一看时机已到，指挥明军发起猛烈攻击，倭贼见此架势，只得退兵海涂。潜伏在海边芦苇丛中的戚家军，听到号令，就飞驶着千百只泥鳗船，像离弦的箭冲向海涂，将倭寇团团围住，远时射弓箭，近处用刀棒，杀得倭贼片甲不留。

  这次战斗明军大获全胜。接着，戚将军又指挥龙山军民打了好几次大胜仗，终于平息了倭患。后来，当地老百姓见这种泥鳗似的小船在海涂上灵活自如，就把它作为捕鱼、捉蟹、拾泥螺的工具了。直到现在，在龙山一带海涂上还经常可以看到渔民行驶泥鳗船的飒爽英姿。

邱林勋　采录

08

特产篇

奉化水蜜桃的由来

西汉建元年间，浙东奉化江畔住着一个穷秀才，此人复姓东方，单名朔，他生得天庭饱满，地角方圆，风采清奇，举止潇洒。家中只有母亲一人，年已花甲，白发苍苍，体弱多病。

时逢深秋，金风习习，朔母身子不适，卧床呻吟，东方朔与乡邻一起日夜照料。一日，朔母拉着东方朔的手儿，说："朔儿呀，为娘嘴巴乏味，想个桃子吃吃呢！"东方朔听了感到为难："娘，如今霜降已过，立冬将临，怎有蜜桃？何况此处桃子味酸，有何滋味，还是让儿寻些柑桔、柿子给娘尝尝吧。""唉！"老母叹了一口气，"为娘做梦也想吃桃子，你就依着我吧。"

东方朔无奈，只得把母亲托付给左邻右舍，自己带些干粮，出门去寻找桃子。他披星戴月，跋山涉水，渴了饮些山泉水，饥了乞些百家饭，时过月余，仍未觅得。这天，东方朔行至江西信州，闻听龙虎山张天师神通广大，便至道院求见天师，恳求指点寻找桃子径途。天师问明情由，念他孝心可嘉，便道："你若拜我为师，贫道定当指点迷津。"东方朔大喜，纳头便拜。天师命人带他沐浴更衣，斋戒三日，礼拜三清毕，且领他来见。三天后，东方朔换上道袍，出来拜见。只见他仙风道骨，人品俊秀，端的一副好仪表。

当下，东方朔叩见师尊，天师命他坐正，说道："如今惟天庭有桃，汝若有信心、决心、恒心，知难而进，遇险不畏，才能上得天庭，桃子信手可得。"东方朔再三磕头致谢，声称定然恪守师训，排难历险，寻得桃子，以慰母望。天师见他心诚，便道："龙虎山绝顶有天梯一条，石级千层，高接云天，有志者可由此登天。但山上毒虫、猛兽甚多，你若心惊胆战、畏葸不前，便有生命之虞。前者，亦有几个徒儿思量登天，由于见难而退，到头来无不丧命崖底。"东方朔正色道："徒儿铭记师教，绝不犹豫。"天师道："既如此，望你知难而进，三不回头，切记、切记！"

次日，东方朔身带干粮，叩别天师，出了道院，寻路登山。山上道路崎岖，怪石嶙峋，荆棘挡道，野藤丛生，山高坡陡，异常难行。东方朔折了一根树枝，作为拐棍，抖擞精神，撑上山去。行不多时，穿过一处竹林，突然，起了一阵狂风，但见：狂飙陡起天地昏，飞沙走石狐兔隐。东方朔见风狂难行，便急趋巨松后避风。须臾，风过山青，那乱树林中霍地跳出一只张着血盆大口的吊睛白额猛虎，东方朔吃了一惊，脚下一滑，扑地摔了一跤。但他想起师训，便定下心来，旋即站起身子，直向猛虎走去。说也奇怪，这只张牙舞爪的猛虎只是在他面前跑哮了一阵，不久，便连蹦带跳，窜向山的西边去了。

东方朔叫声："惭愧！"抹去额上汗珠，拍掉身上黄土，继续登山。他转过乱石坡，忽闻腥气刺鼻，便凝神细看，只见前面樵径上，盘着一条车盘大小的蟒蛇。这条巨蟒昂着笆斗大的头颅，露出利剑般的毒牙，吐出一条红得可怕的信舌，盯着来人，好像一下子要把东方朔吞下肚去。东方朔不免惊慌失措，正要后退，但想起天师告诫，便壮壮胆子，毅然朝着巨蟒大步过去，才行几步，这条巨蟒忽地游向溪边去了。

东方朔复又前行，前面山势愈来愈陡，且已无樵径可寻，他便手攀杂树，足抵柴根，一步一撑，奋力登山。好不容易，行至一处崖下，却又无路可行，他索性丢掉手中拐棍，双手抓住悬崖上的青藤，脚尖踩着岩石缝里的小树，一步一步爬上崖去……等到攀上崖顶，早已汗流浃背，手足酸软，便在岩石上休息片刻，吃了些点心，继续寻找登山小径，不断向上攀登。

须臾，东方朔终于来到了千层石级下面，他抬头观看，只见高峰插云，知是天梯，大喜过望，便抖擞精神，伸手抓住石级，登上第一台阶……但就在此时，突然头顶吼声震耳欲聋："下面凡夫听着，快快滚下天梯，否则吾神就用石雨将尔砸成肉泥！"东方朔闻言大惊失色，浑身冷汗湿透，但他牢记天师"三不回头"的嘱咐，早把生死置之度外，对天神的威吓置若罔闻，依旧抓住石级，一步一步向上攀登不停。

"轰隆隆……"一声巨响，果然下起了石雨。那大若磨盘，小如碗口的石块铺天盖地砸将下来，东方朔毫无惧色，咬紧牙关，依旧拚命向上攀登。这真是：任凭石雨头顶吼，一往无前不回头，粉身碎骨何所惧，来去定要上天走。

说时迟，那时快，石雨随着"隆隆"巨响，顺着天梯滚将下来，烟尘滚滚，风声呼呼，但是却也奇怪，这些石块只是擦着东方朔的发髻撒破他身上的鹤氅，竟然没有一块砸在他的身上。这时东方朔劲头更足，一鼓作气向上奋进。

东方朔历尽千辛万苦，终于登上了天梯，他极目望去，但见宫殿辉煌，云雾缭绕，却不见桃园何在。他信步行去，见前面墙垣高耸，挡住去路，便循墙而行，行不多远，见一角门，轻轻一推，进入园内，眼前忽然一亮，只见园内千树竞秀，绿阴蔽尘，红白相映，硕果累累，微风拂来，异香扑鼻。原来此处即是御桃园，那树上蟠桃硕大无朋，蜜桃白皙可爱……东方朔略一思索，便伸手摘了一颗白桃，退出园来。谁知他才出园门，即被两个天兵一把抓住。天兵怒目横眉，拔出钢刀，喝了声："大胆凡夫，竟敢偷摘仙桃，罪不容诛！"说着举刀劈下来。东方朔自知必死，双目紧闭。正在此时，忽闻："刀下留人！"便睁眼看来，却是观音大士救了他的性命。观音道："东方朔，念你待母至孝，如今仙桃已得，就此下凡去罢。"东方朔赶快跪下叩头，拜谢大士救之恩。观音将手一招，只见一片莲瓣冉冉降落云际，转眼大若舢板。她命东方朔坐在莲瓣之中，闭上眼睛，尘拂一挥，莲瓣复冉冉升起，旋即风声呼呼，载着东方朔风驰电掣般向下界疾飞……

玉帝知道此事后，碍着大士的面不便发作。过了几天，他命巨灵神劈断龙虎山的天梯，从此，仙凡相隔，凡人不能上天了。

再说东方朔，隔不多久，只觉到了实地，睁眼看时，已返家乡，莲瓣瞬时不知去向。他便向南跪拜，然后回到家中，把仙桃奉给娘亲。他的母亲已病体奄奄，吃了一口桃汁，觉得奇香沁脾，玉露甜蜜，又吃了一口桃肉，顿觉身上疾病尽消，她高兴地说："儿啊，这颗桃子真好吃，你也尝一尝吧！"东方朔一再推却，经不起娘亲再三劝说，也就咬了小小一口，旋觉精神陡增，体魄强健。

当时，东方朔就把这颗桃核种在屋前，出苗后，他朝暮培育。过了三年，桃树便结下了一百零八个碗口大的白色薄皮玉露水蜜桃来。成熟后，东方朔把它们全部摘下来了，除自己留下两个外，其余全部交给乡亲。随后，东方朔陪着母亲到处云游去了。

人们吃了东方朔种出来的仙种蜜桃，满嘴甘美生津，其味无穷，于是争学他的样子，吃完后就把桃核种了下去……据说，这就是奉化玉露水蜜桃最早的渊源呢！

滕占能　搜集整理

宁波风俗传说 >>>

杨梅的故事

很久很久以前，在余姚、慈溪交界处的杨家岙山脚下，住着一户杨姓人家，父子两人，相依为命。父亲是个善良的老药农，以采草药为业，经常为附近的乡邻送药治病，深受大家尊敬。儿子阿龙，是个胆大艺高的好猎手，不但打猎百发百中，而且为人忠厚仗义。

一天，阿龙在山上打猎，听得远处有"救命啊……救命……"的呼救声，他急忙循声赶去，只见不远处，一只猛虎嘴里拖着一个人，正向山上跑来。阿龙见状，不慌不忙，弯弓搭箭，正中虎眼。老虎吼叫一声，把人放下，逃奔而去。阿龙快步上前，扶起那人，原来是一位漂亮的姑娘，人已昏了过去，衣服也被虎撕破。阿龙背着受伤了的姑娘，回到了家里。父子俩又是敷药，又是熬汤，精心救治姑娘，一个小时后，姑娘渐渐醒了过来。见姑娘睁开了双眼，杨老伯便问道："姑娘，你家在哪里？为什么到这荒山上来？"姑娘谢过救命之恩，见杨家父子是忠厚人家，便说出了真情。

原来，这姑娘就是天上的百果仙子，掌管人间百果生灭。只因不愿嫁给生性凶残的百兽元帅为妻，惹怒了百兽元帅。百兽元帅趁百果仙子到下界巡山之时，化作一只猛虎，想抢走百果仙子，强行成亲。幸亏遇到阿龙相救，才得以脱身。

杨家父子见姑娘容貌端庄、谈吐不凡，知道确是天上仙子。杨老伯说："姑娘，虽说你贵为仙子，但天上人间做人的道理应该是一样的。在这里你尽管放心养伤，伤好以后再回天庭。"姑娘点头应允。没有多少日子，在杨家父子的精心照料下，百果仙子渐渐伤愈，就想回去。但想到回去以后，必遭百兽元帅纠缠，看看人间，凡人远比天上人忠厚。思前想后，心情不定。杨老伯看出了姑娘的心思，一日，他对姑娘说："姑娘，如今你已伤愈，你想回去，我们也不好强留。如你愿多留些日子，就跟着我采采草药，为乡亲消病除痛，就算我多了一个女儿，你看怎样？"姑娘一听，高兴地答应下来，连忙跪下，拜认杨老伯为义父。从此，杨老伯收下了百果仙子作了义女，因附近有个梅湖，又把姑娘当作掌上明珠，就把姑娘取名"梅珠"。

仙女下凡的梅珠，天生聪明伶俐，随便什么事情，一看就懂，一点就通。她跟着义父翻山越岭，采集草药，从不叫苦。她为乡亲行医治病，不避寒暑。因她是仙子下凡，更是药到病除。邻里乡亲，无不夸她善良贤惠。空余时间，梅珠还跟着龙哥学着打猎，很快就学得百步穿杨，武艺高强。随着相处日子的增多，阿龙与梅珠相互间的爱慕之情与日俱增。

由于阿龙和梅珠高超的打猎本领，附近山上的豺狼虎豹闻风丧胆，再也不敢来杨家峇一带作恶了。这事终于传到了天上百兽元帅的耳朵里，他对梅珠、阿龙又妒又恨，咬牙切齿，寻机报仇。于是他买通山神，设下一个毒计……

冬去春来，梅珠与阿龙又上山打猎，忽然间，只见不远处有一只高大的豹子不紧不慢地走着，梅珠眼疾手快，弯弓搭箭，只听得"嗖"一声响，早已射中豹子，那豹子负箭逃窜，梅珠龙哥紧紧追赶……突然，豹子隐入山崖，不见踪影。只听得"哗啦"一声巨响，山动地摇，霎时间，前面崩出一道悬崖峭壁，紧奔中的梅珠，一时收脚不住，跌下悬崖……

龙哥攀岩爬崖，终于在山脚下的一棵大树桠里找到了梅珠，龙哥抱起奄奄一息的梅珠，心如刀割。梅珠看着泪流满面的龙哥，断断续续地说："龙哥，我……我要留在人间……死后把我葬在这棵树下……"说着就合上了眼睛。得知梅珠遇难的消息，乡亲们和阿龙父子一样，悲痛万分。大家把梅珠的身体安葬在那棵大树底下……

第二年开春，在梅珠遇难的日子，阿龙父子和乡亲们来到梅珠的墓前祭扫，发现这棵大树上的叶子间长出了一粒粒小珍珠似的颗粒，大家都感到奇怪，不知这是什么东西。转眼到了端午节，人们提着篮子，装着香烛、酒菜，又来上坟祭扫。只见树上原来珍珠似的东西已长成一簇簇圆圆的果子，有青、红、紫、黑等颜色。等祭祀完了，拿下挂在树上的篮子，准备回家，只见篮子里掉落了许多又红又紫的果子，有位胆大的乡亲拿来口中一尝，又鲜又甜，顿时满口生津。乡亲们明白，这是百果仙子梅珠姑娘为人间送来的仙果。人们想念梅珠姑娘，就把这种果子叫作"杨梅"。直到今天，杨梅都在梅珠姑娘遇难日前后的正月开花，而在端午节前后开始采摘，民间有"端午杨梅挂篮头"的农谚。

自此，杨梅从杨家岙传遍余姚，慈溪，继而传向更远的地方……

选自陈可伟主编《甬上风情》

滕占能　口述

吴开棠　搜集整理

长街蛏子

长街蛏子肉厚味鲜,又脆又嫩,很有名气。介好吃的蛏子是什么变的呢?相传还是讨饭人变的。

古老时候,宁海长街一带,统统是汪洋大海,只有靠山边有几个散散落落的渔村。一天,村里来了个远路的讨饭人。讨饭人岁数蛮大,头发雪白,虽然穿着千补万纳的衣裳,倒也清清爽爽,人们都勿讨厌他。

讨饭人日里讨饭,夜里困在土地堂,讨饭时在人家门口一站,勿声勿响,随便你给他多少,他总是向你笑一笑就走了。每天,他只讨一次饭,一天一户人家,挨次讨过去。讨完了这个村就到那个村,几个渔村都讨遍,又从头开始讨。起初,人们觉得这个讨饭人有点奇怪,后来也就习以为常了。

一回生,二回熟。几年过去,人们都把讨饭人当作自家人看待。逢年过节,好心肠的人都送点节气食品到土地堂。第一个人送去,他像讨饭时那样笑笑,收下。第二个人送去,他说声谢谢,吃不了,就退回。不久,人们又发现了一件怪事,这个讨饭人收取人们送去的节气食品,也在轮流。起初,人们还总认为是巧合,后来一对,巧也巧勿到这地步。有人出于好奇,故意接连送,讨饭人会说:"上一回吃了你的,这一回谢谢了。"这一来,人们真个奇怪起来了。大家议论纷纷,都说这个讨饭人是"奇圣",是"神仙"。于是,人们就把他当作"神仙"看待。

讨饭人在土地堂一住十年。有一天,他生病了,大家都去看望。这个平常日子呒三句话的讨饭人,这回开腔了。他感谢大家十年来待他的好处,说现在他要死了,死后一定报答大家。他说在他死后,要照讨饭人死的"卷席筒"规矩葬,把他抛到海里去。

讨饭人死了，人们用一领新席子卷起他的尸体，抛进村前的大海潮水退了，海滩上却排满了小小的"卷席筒"：外面包着薄薄月牙样子的硬壳，里裹一身的白肉，壳子的一头露出两根管子，像两条小腿，另一头露出一个舌头。这种东西，人们见也呒见过，大家认定是讨饭人变的。讨饭人是神圣的化身，大家就把这东西叫"圣"。后来到了读书人的手里便写成"蛏"。

选自《中国民间故事丛书·宁波宁海卷》
滕占能　搜集整理

西店牡蛎

西店位于象山港畔，宽阔的海滩涂上，屹立着两座亭亭玉立的小山墩。

相传，是一位神仙为百姓造福，围堵象山港的狮子口时，落下两块泥巴，从而形成两座小山墩。后来，人们把这孪生姐妹的小山墩，美称为双山。双山岛屿各三四十米方圆，二十来米高，两山相距数十米，珠璧双联，风姿独特。双山的山体岩石和海滩涂成了牡蛎繁殖生长的天然理想胜地。岩边、石头上处处牡蛎盛生，一簇簇的蛎壳成堆，西店简直是牡蛎滋生的世界。

牡蛎的产生，民间还有个神奇的传说。相传东海龙宫有位宫女，偷偷出门，四处飘游。一天，她来到了象山港尾，看到了这里山水景色迷人。这位宫女化作村姑，在双山的岩石上玩耍，正当兴趣盎然时，不留心，她的乳汁喷洒在海岩石上，岩石凝结成牡蛎。人们把鲜美可口、营养丰富的牡蛎肉，称为"海鲜奶"。旧时，人们看见牡蛎觉得很稀奇，双手一掰，一不小心，皮破血流，疼痛得很，因而不敢去触碰野生牡蛎。

南宋末年，当地有个进士姓冯名唐英，目睹这里宽阔的滩涂上生长着一簇簇的牡蛎，无人问津。他想何不教民众开采野生牡蛎，聚石养蛎？经过冯唐英风餐露宿，顶风冒雨，不厌其烦的教诲，西店沿海的石孔头、团埂、铁江等十来个村的村民深深感动，都纷纷下海采挖牡蛎，养殖牡，春整滩，夏抛石，秋翻菌，冬收获，三年轮作，坚持不懈，牡蛎养殖业越来越兴旺。

西店的人工养殖牡蛎，不仅体大肉肥，而且精卵肥发，极大地丰富了象山港的水产资源，养殖牡蛎也就成了西店沿海各村的一大产业。村民不忘进士冯唐英的恩德，把他视作养蛎之父。

选自《中国民间故事丛书·宁波宁海卷》

滕占能　搜集整理

慈城年糕

过年，阿拉宁波家家户户要做年糕、吃年糕，年糕要算慈城最有名。过年吃年糕还有一个故事。

战国时候，名将伍子胥曾经在慈城打过仗，他死之前对部下讲："如果国家有困难，百姓断粮，你们倒到城墙下挖地三尺，可以得到粮食。"

伍子胥死后，他的部下被越王包围，城中断粮，已饿死了不少人。这时候，有人想起伍子胥的话，就去挖城墙。挖了三尺多深，果然挖到了许多可以吃的"城砖"，许多人活了命。原来，当年伍子胥在慈城督造城墙时，已做好屯粮防饥准备。这些"城砖"全部是用糯米粉蒸熟后压成的。

这种糯米砖十分坚韧，还长年不变质。从此以后，每逢过年，慈城镇的家家户户都舂年糕，年夜饭就吃年糕汤来纪念伍子胥。这一风俗越传越开，直到现在。

选自《中国民间故事丛书·宁波江北卷》

滕占能　搜集整理

灰汁团的传说

灰汁团是宁波有名的地方食品之一。关于灰汁团的来历与做法，慈城地区流传着一个民间故事。

旧时，当地人通常用灰汁水洗衣服。因为灰汁水中含有一定成分的碱，有去污能力。所以寻常人家，都会把灰汁水装在一个水缸中，放在家里灶间。

慈城三板桥一带住着一家三口，父慈子孝家庭和睦。谁知有一年闹瘟疫，父亲在瘟疫中死去，母亲也因为过度伤心而哭瞎了双眼。家中因为缺少了顶梁柱，家境一落千丈。幸好这家儿子很好，不仅对母亲十分孝顺，而且读书也非常用功。

儿子稍大一些以后，就去镇上的私塾念书，平时回家的次数也少了许多。为了尽可能便于母亲的生活，他每次去镇上念书前，都要将母亲所需的水缸填满。母亲虽然双目失明，但在好心的街坊邻居帮衬下，勉强也能维持生计。

有一年，正值早稻收割时节，在镇上念书的儿子忍不住对母亲的思念，赶了几十里山路回家看望母亲。儿子回来，母亲非常高兴，心想：儿子赶了那么多的山路来看我，一定肚子饿了，我要做点好吃的给他。想到这里，她拿了一些刚刚收下的早稻米，摸着到石磨间磨了几斤米粉。虽说眼睛看不得见，但是母亲的手脚依旧灵便，米粉磨得很细。磨完米粉之后，从厨房的小水缸里舀了点水拌起米粉，又往里加了一点黄糖。没多长时间，她就裹好了几十个米团，并在灶上蒸了起来。待到米团快蒸熟时，蒸笼里竟然发出了阵特别的香味。母亲心中纳闷，心想自己过去眼睛好的时候，做各种各样的米团也没有这么香，今天究竟是怎么了？一定是菩萨显灵了！

这奇特香味不仅引来儿子，而且还使附近的左邻右舍都闻香而来。大家迫不及待地打开蒸笼，尝这香味独特的米糕。大家一试，果然觉得非常可口。儿子细查之下，终于发现了其中的奥妙：家里灶间放着两只水缸，一只盛水，一只盛灰汁水，而双目失明的母亲误把盛灰汁水的水缸当成盛清水的水缸，用灰汁水和了面，阴差阳错地做出了灰汁团。

这样，此事一传十、十传百，灰汁团的做法也渐渐地流传开来。

选自《中国民间故事丛书·宁波江北卷》

滕占能　搜集整理

邱隘馃

阿拉宁波一带,每到过年过节,家家户户都要做年糕做馃,欢欢喜喜过年。糯米馃各地都做,唯独我们邱隘地方做出的馃最有名。是它的质料特别好吗?不是,是因为它搓得细润稠滑,做得小巧玲珑,更是因为它曾有过不凡的身价——做过进贡的"贡品"。

据说,在明朝正德年间,邱隘地方住着一户姓丘的寡妇。她年轻丧夫,膝下只有一个幼小的孩子。这寡妇为人很贤惠,娘儿俩勤俭度日,尽管生活贫苦,但还是惦记着生身的父母。每年过年,都要送点馃去,作为年礼。

后来,她母亲得病先亡,只剩下老父孤身一人过日子。这年年底,又要做馃了。她思量着,老父年迈,不便动刀,就想出了主意。她请人把做馃的糯米舂得特别细润,多费点工夫,摘成一个个比算盘子大一点的小馃。这样,吃起来刚好一口一只,使老父烧煮时不必用刀切。她父亲吃到这样的小馃,心里乐滋滋的。

这样,小馃越做越好。第三年,丘媳妇又做了一斗米的小馃分装两只小篮,叫儿子送到五乡矸外公家去。她儿子已经十一二岁,也很聪明。他挑着小篮,走到五乡矸一户大户人家的门口,见门前的两只石狮子口衔石丹,昂首踞座,觉得好玩,就放下担子歇息,好奇地扶弄着狮子口内的石丹玩。正玩得高兴时,一个须发花白的老人走出来了。看到这个孩子生得伶俐可爱,就问他从哪儿来?到哪儿去?篮子里装的是什么?孩子听娘讲起过:外公那边有一户做官人家,人称傅天官,莫非就是这位老人?就彬彬有礼地告诉他是小馃。"小馃是什么样子的?"那位官人有点好奇地问:"能让我看看吗?"孩子揭开篮盖。一个个圆滚滚、白皙皙,油光光、滑润润的小馃,中心印着点红花,是这位老人从未见过的。官人就问他外公是谁，待孩子一一回答后，故意说："你外公原来是他？他与我是同辈兄弟呢！你应该叫我外公呀！""外公！""嗳，乖，那么，馂就送给那边的外公，不送给我这个外公吗？""这篮孝敬您！""好、好，乖外孙儿，等你回家，来这儿取篮。"老者提着篮子进门去了。原来他就是当朝天官，近几天正省亲在家。

那孩子把另一篮小馂送到外公家。吃过午饭，就急着回家了。路过傅家，就进去取篮。傅天官留住他问长问短，问了一番，又留他吃过点心，把小篮还给他，说："回家交给你娘，再揭篮盖。"那孩子很听话，就把篮挑回家里。丘媳妇揭开篮盖一看，啊！十二锭元宝！"这是外公回的？"孩子把经过情由说了。丘媳妇第二天一早，梳洗一番，就领着孩子来到傅家，请院公领见主人。一见天官，她跪下就拜："爹爹在上，女儿拜见。"傅天官一见就明白了。他见这妇人聪慧灵巧，倒也十分喜欢，就收她为继拜女儿。从此，便常常照顾她的生活。

傅天官把小馂带回宫里，献给皇上。正德皇帝一看，也十分动心，问是何物。天官回禀是丘隘产的，就叫"丘馂"。一吃果然细润稠滑，别有一番滋味。就传旨每年让丘寡妇督办，春制一批"丘馂"，由傅天官派人运送京城。

后来，正德帝听说丘隘地方是一片平原，没有丘陵，就提笔在丘字旁加了个"耳"。从此"丘隘"便成了"邱隘"。

选自《中国民间故事丛书·宁波鄞州卷》
余华达　搜集整理

龙凤金团

每逢节日喜庆，宁波人总少不了要用龙凤金团送送亲友，讨个吉利。这里有个出典。

宋朝康王赵构逃难，一路逃到宁波，天刚蒙蒙亮，肚子饿得实在有眼熬勿住了。走到街上看看店里，吃的东西蛮多；摸摸袋里，一个铜钿也没有，其只好瘪塌塌塌往前走去。忽然一阵香气吹过来，康王抬头一看，是一爿糕团店，看看蒸笼里一只只圆圆黄黄的东西，正在冒热气，其就走拢去。

这时，主人走过来说："客官，趁热尝尝味道。味道勿好，铜钿勿要。"康王一听，伸手拿了一只就吃，心里忖，只要说味道勿好，铜钿就好付了。康王一吃，味道交关好，这东西又香又甜，又糯又黏，就吃了一只又一只，连吃九只，手里还拿着半只，口里连声说："好吃！好吃！"店主人听见客人说好吃，就过来收铜钿。康王晓得自己讲漏了嘴，就想问："这东西叫啥名堂？"这一问不要紧，弄得店主人自己也答勿上来了，停了停说："勿瞒侬这位客官，这东西是阿拉阿妹自己做的，名字还没取呢。"康王说："那我来给你取个名字吧。"店主人一听高兴说："客官侬名字取得好，讨个吉利，刚才吃的铜钿就勿用付了。"

康王问："侬阿妹叫什么名字？""叫赵凤英。"只见小康王忖了忖说："这东西就叫'龙凤金团'吧，包侬今后生意兴隆。"皇帝开口是圣旨，这爿店以后就大吉大利，果然生意交关好。后来，皇帝给金团取名字的事一传开来，龙凤金团就更加出名了。

选自《中国民间故事丛书·宁波鄞州卷》
滕占能　搜集整理

梁山伯指点缸鸭狗

宁波人过年过节都有吃汤团的习俗。这汤团最有名气的当属"缸鸭狗",说起这"缸鸭狗"的来历,还有个动人的传说呢!

从前,在宁波城隍庙里,有个摆摊头卖红枣汤和酒酿圆子的人,名叫江阿狗,此人心地善良,孝敬父母,尊老爱幼,助人为乐,时常救济贫苦兄弟,每天起早落夜,辛辛苦苦做生意,可是一家人总是得不到温饱。

有一年旧历三月初一,宁波西乡高桥梁山伯庙举行庙会。江阿狗为了多几个钱,也去赶庙会摆摊头,可是摆了一天仍没多赚几个钱。因此,江阿狗心情烦闷,夜饭吃了老酒,不知不觉就依着庙墙角睡着了。在睡梦中,忽然听到有人呼唤:"江阿狗,江阿狗,你想发财吗?"江阿狗抬头一看,见是一位书生,就问:"先生,怎么才能发财呢?"书生说:"我请你吃了猪油汤团便知。"接着就命书童给江阿狗送来一碗热气腾腾的汤团。江阿狗醒来,不解其意。次日,他在挑担回家的路上,边走边想,忽然悟出了一个道理:那书生请我吃汤团,分明是在指点我可以卖猪油汤团的好手艺,于是他开始卖起猪油汤团来,果然生意就此兴隆起来了。

不久,江阿狗从城隍庙摆摊头,搬到闹市区开明街口,开了一家"猪油汤团店"。为了招徕顾客,他需做个新奇的招牌,可是自己目不识丁,这咋办呢?想来想去,觉得还是再去梁山伯庙,兴许会受到指点。

这天,江阿狗又来到梁山伯庙,一进庙门,抬头一看:"啊!"那梁山伯神像,同以前给自己托梦的那个书生一模一样,于是"扑通"跪下,口称:"恩人呀恩人,受我一拜!"当晚,江阿狗又在梁山伯庙住宿,果然在睡梦中遇见了梁山伯,他说:"江阿狗,江阿狗,你想做招牌吗?"江阿狗忙回答说:"对!恩人,请你再帮帮忙吧!"梁山伯说:"好!我送你三件礼物。"于是他用手一指,立即在江阿狗的面前出现了一口水缸、一只鸭和一只狗。"这是何意?"江阿狗刚待要问,一下子醒来了,他左想右想还是不解。

次日,他在回家的路上,边走边想,忽然,又悟出一个道理:那缸、鸭、狗不是我江阿狗的名字吗?莫不是恩人指点我以此为招牌吗?于是他就请人在招牌上画了一只缸、一只鸭、一只狗,挂在店门前,从此,宁波"缸鸭狗汤团店"就出了名,生意也更加兴隆起来。如今宁波"缸鸭狗汤团店"仍顾客盈门,而且宁波汤团也驰名国内外。

选自周静书主编《梁祝的传说》

余华达 搜集整理

咸光饼

侵袭沿海的倭寇受到了戚家军的严厉打击。吃了一次次败仗后，变得更加凶残而狡猾，往往一会儿像烟一样散去，一会儿聚集登陆，叫人捉摸不定。戚继光将军统兵追击倭寇，纵横驰骋，埋锅做饭很不方便。

这一天，戚将军营前来了一个中年妇女，她手提着一只篮子，篮子里盛满了她自家做的薄饼，薄饼用米粉做的，带有咸味，中间留着一个小洞，她是来慰问戚家军的。

那天，戚将军手头没有什么大事要急着处理，于是，就请这位大嫂坐下聊天。

"这个吗叫什么饼呀？怎么饼中间都有一个小孔呀？"戚将军拿着饼好奇地问大嫂。

"这个吗叫咸光饼。"大嫂笑着说，"是我特意为我家男的做的，他天天上山打猎，带饭很不方便，就将此饼用绳子串起来带在身边，饥饿时撕下一块就可以充饥。"

"好，好！我们当兵的倘若也带上这种咸光饼，不是同样方便吗？以后行军作战也不会耽误战机。"戚将军连声称赞。

各地百姓闻讯后，都拿着咸光饼慰劳戚家军。从此咸光饼也就在浙东流传下来了。

高　鸿　搜集整理

冰糖甲鱼的来历

冰糖甲鱼又称"独占鳌头",是宁波传统十大名菜中名副其实的头块牌子。旧时,办上学宴、升学宴等,都要上此道菜。关于此菜的来历,还有一段有趣的传说。

清乾隆年间,有两位书生赴京赶考路经宁波,见天色已晚,就走进三江口畔的一家酒楼用餐。由于已过饭点,店主正愁没菜招待,忽见水桶里还有一只甲鱼,就捉来斩块后红烧。谁知两人一见此菜色泽红润,入口绵糯香甜,不禁连声叫绝。问店主:"此系何菜?"店主见他俩书生模样,知是进京应考,灵机一动便说道:"此菜乃'独占鳌头'是也。"两人闻之好不开心。

后事有凑巧,其中一人果然高中状元。在衣锦还乡途中特地重登此楼,指名要吃"独占鳌头",说是吃了此菜,神清气爽,金榜高中有此菜之功也。餐毕,挥毫写了"状元楼"三字,让店主做成金字招牌。从此,楼以菜扬名,菜为楼增色,生意越来越兴隆。

直到现在,冰糖甲鱼还是状元楼的招牌名菜之一。

余华达　搜集整理

龙山黄泥螺

龙山黄泥螺早在宋代就有记载。到晚清，则用龙山黄泥螺上京进贡。正宗龙山黄泥螺以"三月桃花螺""中秋桂花螺"为上品，具有头长、体软壳黄、肉边红、脂丰厚、味鲜美、无泥沙的特点。龙山黄泥螺为什么味道特别鲜美？为什么伏龙山下十里海涂拾来的泥螺与众不同？其中还流传着一段故事呢！

相传三千多年前，三北西北洋面上有座陈山，山上住着一只千年雌龟精。三北东北洋面上有座黄狼山，山的北面有个望海洞，不知什么时候洞里来了一条全身鳞甲雪白的银龙。

这年又逢王母娘娘的千年蟠桃会，玉帝派太白金星下凡去昆仑、天山一带请众仙赴会，并请东海普陀山紫竹观音提前一天上天庭议事。太白金星途经三北上空时，只见三北洋面上狂风大作，白浪滔天，一些正在打渔的渔民被打入海中，葬身于千年雌龟精肚中。太白金星上天禀告玉帝，玉帝急传东海龙王敖广神龙前去三北捉拿这只雌龟精。

哪里晓得，陈山东北面黄狼山上的银龙，原是天庭的太白老龙，受敖广诬陷，而被玉帝打入人间。今天太白老龙见仇人飞过上空，便一跃腾空，直扑敖广。两龙相斗，杀得天昏地暗，飞沙走石。敖广神龙渐渐地招架不住，太白老龙一口咬住敖广的喉咙紧紧不放，使劲一摔，敖广的龙头从半空中掉入达蓬山北面山脚下。当时活生生的龙头乱滚乱咬，滚走了周围大小石头，咬光了附近所有的野草小树，一会儿工夫就滚出了一大块场地。后来人们在这块土地上建房造桥，形成了一个村庄叫龙头场。龙尾巴陷入西海地舍村叫西海尾巴。

再说敖广失去了龙头，沉重的龙身跌落在海涂上，变成了一座山，那就是现在的伏龙山。由于敖广神龙本身是一条金龙，在变伏龙山前痛得死去活来，翻滚了三天三夜，把伏龙山的西海与邱王的东海十里海滩深翻了三尺三寸，流了三天三夜龙油，出了三天三夜龙血，把这硬板板的海涂翻滚成像糯米粉一样柔软的亮光光的油涂。

这一带的老百姓传说：在伏龙山一带十里海涂拾来的黄泥螺特别鲜美，就是龙油龙血肥沃的缘故。

余华达　搜集整理

象山龙头鲓

象山龙头鲓无骨无刺,肉鲜味美,远近扬名,相传是从抲鱼小后生开始。

有个皇帝,下了一道圣旨,要天下十八省进贡山珍海味。圣旨传到象山,知县急煞了:送山珍没东西;送海鲜京城路远,送到就不鲜了。勿送,抗圣旨要杀头。知县官没办法,只好贴出一张榜文:谁把海货送到京城勿烂,皇帝欢喜,赏白银五百两。

有个抲鱼后生,"吱"一声把榜文扯下来。管榜人当即把抲鱼人带到衙门。知县开心煞了。抲鱼后生一勿收鱼虾,二勿派车船,用九个铜板买了三十六条虾屄,拔根狗尾巴草把虾屄穿起来,两头打了结套在笠帽顶上,背起包裹,穿上草鞋赶路进京。俗话讲:"六月日头,晚娘拳头。"勿到三日,笠帽顶三十六条虾屄晒得断燥。

皇帝听闻东海渔民送来贡品,非常高兴,传其进殿。抲鱼后生送上"贡品"。皇帝一看是顶破笠帽,顶上套着三十多条虫勿像虫、鱼勿像鱼的东西,脸一沉,眼一瞪,问:"是算啥东西?"抲鱼后生想:若讲是虹,皇帝一定勿高兴。抬头看看金密殿屋柱上的盘龙,倒蛮像虾干,便讲:"万岁,这是象山特产龙头鲓"。这东西嘴巴、扁尾巴、圆眼睛,全身如玉,是用东海小白龙晒干的。"皇帝看看也蛮像,又问:"这东西咋吃呢?"抲鱼后生讲:清蒸爽口透鲜,油汆松脆喷香,吃了开胃,强筋骨。"讲得皇帝口涎水二尺长。皇帝令出十八条清蒸,十八条油汆。烧好后,皇帝叉了条清蒸虾一尝,满口清香;再叉根油汆的,喷酥松脆。朝中文武百官、皇后太子统统争着尝鲜。吃了虾屄,皇帝问抲鱼后生装来几船。抲鱼后生讲:"只三十六条。"皇帝龙心大怒,限抲鱼后生一个月里厢送一百车来。

抲鱼后生忖：阿拉象山地方，这种鱼勿要讲一百车，就是装一千车也勿难。又一想：如若当即答应下来，以后年年要送，工钱勿得工钱，饭钱勿得饭钱，苦煞阿拉抲鱼人，再讲这种东西多吃了也会厌，弄勿好会闯祸。后生要了个滑头说："万岁，龙头鲓是东海龙宫龙王的子孙，平常日子统统关在龙宫中，只有一些贪玩的才偷偷地逃出来，被阿拉抲牢。一年到头勿得几条。"皇帝听听抲鱼后生讲得也有理，又一忖：味道介好的鱼货一生还是第一次吃到，便马上下一道圣旨：免去象山抲鱼人的人头税、船头税，抲牢"龙头鲓"统统要进贡。

　　抲鱼后生回转象山后给皇帝进贡"龙头鲓"，一条也有，五条也有，三年一次，五年一回。皇帝呢？介好"龙头鲓"从来没吃爽快过。

选自《中国民间故事丛书·宁波余姚卷》
余华达　搜集整理

海蜇皮的传说

相传古时候,海滩上根本没有海蜇皮。那时海龙王的女儿住在龙宫里厌烦死了,想到海面上来玩玩。

有一天,她瞒着海龙王,带了两名宫女漂上海来。正巧有个捉鱼小后生在渡上捉鱼。龙女一见,就动了爱慕之心。可是小后生自顾捉鱼,没有看见龙女。龙女因有宫女在旁,不好意思向小后生打招呼,就闷闷不乐地回到了龙宫里。

凑巧,观音菩萨到海龙王那里做客,与龙女宿在一起。观音菩萨见龙女唉声叹气,晓得龙女有了思凡之心,就笑眯眯地对龙女说:"你的心事我知道了,让我来帮帮你的忙吧!"

龙女红着脸,羞答答地向观音菩萨谢了礼。观音菩萨送给龙女一块手帕,说:"你现在住在龙宫,要与凡人相爱,你父亲是绝不会同意的,你可把你的心思写在这手帕上,让手帕漂海面,那个捉鱼的小后生收到你的信,会想办法来接你的。"龙女说:"会碰得这么巧吗?要是他收不到信,你的手帕也白丢了。"观音菩萨说:"你真傻。我的手帕只要你写上字,会一变十、十变百、百变千、千变万的。千千万万的手帕漂在海面上,难道还会怕小后生收不到你的信吗?"龙女说:"这事父亲知道了,他一定会生气的。"观音菩萨说:"你可以写暗语,要写得只有愿意娶你为妻的人才看得懂。这样,即使你父亲看到了手帕,不是也没事吗?"龙女一听,这才放了心。她偷偷把自己的心事写在手帕上,漂上海来,寻找捉鱼的小后生。可她东寻西寻,寻不到捉鱼后生,就把手帕留在海了。而且还请观音大士把手帕变得成千上万,在海上四处漂浮。

从此以后,海里多了一样东西,我们现在叫它海蜇皮,实际上是龙女给捉鱼后生的信。可是龙女写的字迹，是任何聪明的人也不认识的，因为龙宫里的文字与陆上的文字是根本不通的。据说，到现在为止，龙女还在等待着捉鱼的后生想办法去接她呢。

讲述人：杨阿庆
文化程度：农民
采录人：陈墨
采录时间：1987年

宁波风俗传说　>>>

"鱼鲞"的来历

春秋战国时候，吴国和越国打仗。吴王夫差的父亲阖闾为了与越国争霸，三年前起兵攻越，谁料打败仗，负了点伤，回到陞地，不久就死了。夫差为报杀父之仇，操练兵马，在公元前四九四年兴师复仇，夫椒一仗，把越兵打得丢盔弃甲，溃不成军，一直打到东海边上。

连日来追击越军，攻城夺地，吴王夫差实在太劳累了。这一天，他一觉醒来，感到口苦舌焦，肚子又饿，于是便叫侍卫弄点儿美味吃吃。他一声令下，侍卫忙下去准备，不一会儿就恭恭敬敬地端上来五鼎菜肴，一大斛绍酒。诸侯五鼎食这是先朝定下的规矩。吴王夫差不管行军打仗，对此从不疏忽。正当他举箸品尝菜肴时，忽见盘中的鱼肤色金黄，甚是喜人，味道也特别鲜美，是他从来没有尝到过的。他停箸问道："这是什么鱼？为何如此鲜美？"其实，侍卫也不清楚这鱼的名字，见夫差兴趣很高，就临场发挥，讨好地说道："大王，这鱼是东海特产，平常很少捕到。今日大王洪福齐天，东海龙王特献此鱼与大王，就叫它黄鱼吧！"夫差一边吃，一边应声道"唔，黄鱼，美鱼也！"黄鱼的名字就这样叫了下来。

夫差的食量很大，一会儿工夫，一条大黄鱼吃完了。他一边吃一边想，这些断发文身的越人打仗没有本领，但在海里捕鱼倒有两下子。我把越国打下来，叫他们天天送黄鱼给我吃。他对侍卫说："这美鱼味道极好，以后我天天要吃这个。"夫差一句话，可把越国老百姓害苦了。当时，越国的渔夫谁也不知道吴王吃的美鱼是什么，但是，如果一天不向吴王纳贡，就要处以重刑。没办法，只好把海里捕到的凡是肤色微黄的鱼，包括梅子、黄婆鸡鱼，当然也有黄鱼，一股脑儿当作美鱼往宫里送。

吴王夫差第一次吃鱼时,一是人累肚饥,二是第一次尝鲜,当然味道格外鲜美。后来吃得多了,也有点儿腻了,有时候吃的还不是正宗的黄鱼,或是路上耽搁了日子,味道就差得多了。夫差大发脾气,以为是侍卫和厨师在戏弄他。盛怒之下,接连杀了几个人,最后,把一个东海渔夫抓了来,跟随他回到吴国去,专门为他烹烧黄鱼。

渔夫没有办法,随身带了一包咸的黄鱼干,以便在路上充饥。到了吴国夫差突然又产生了吃美鱼的念头,立即叫东海渔夫去烹烧。东海渔夫知道大祸临头了,反正也是一死,抓不到鲜黄鱼,就把家乡带来充饥的几条咸黄鱼干洗了洗,再配上葱、姜、酒、糖等佐料,用急火清蒸起来,蒸熟后送了上去。

吴王立即被清蒸咸鱼的那股诱人的鱼味吸引住了。他抬起头来,看看蒸熟的鱼,色泽白嫩,异香扑鼻,味道比原来在东海边上第一次吃的黄鱼还香。夫差高兴地问道:"这是什么美鱼?味道如此鲜美!"东海渔夫道:"这是黄鱼晒成的鱼干,蒸熟后又鲜又香。大王称之为美鱼,鱼字头上加个美,就叫它鱼鲞吧!"夫差剔剔牙缝,得意地说:"好名字!鱼鲞、鱼香!哈哈哈…鱼鲞,鱼香,蛮好蛮好,就叫'鱼鲞'"。

鱼鲞的名字就流传了下来。

选自《中国民间故事丛书·宁波余姚卷》
余华达　搜集整理

三北盐炒豆

三北盐炒豆又松又脆，稍带咸味，非常可口，容易消化，是大家喜爱的一种食品。这三北盐炒豆是谁发明的呢？三北民间有这样的传说。

明朝嘉靖年间，三北大古塘一带种着不少的蚕豆，蚕豆是在五月黄梅季节成熟的，倭寇常常在这段时间窜到三北来抢劫蚕豆。

当时镇守宁、绍、台三府的浙江都司参将戚继光将军正守卫在观海卫一带，他利用炮台山的烽火台和沿海各地烟墩传递情报，率领骑兵跃马奔驰在三北沿海一带，有力地打击倭寇的侵入。

一天傍晚，戚继光从烟墩中得知情报：倭寇入侵古窑浦一带。他便率领骑兵沿着大古塘向东追击。倭寇见戚继光大军如同老鼠见猫一般，纷纷向海上逃窜。

戚继光杀敌归来，在月色下发现大古塘上有斑斑白点，他下马一看，原来这些白点是倭寇抢劫时散落在地上的蚕豆。戚将军平时非常爱惜粮食，他便命士兵将蚕豆尽数拾起。

回营后将蚕豆收拢，数量足有一百多斤，但这些蚕豆已受潮发胀，这几天正值黄梅季节阴雨天气，不能曝晒，多放一些日子，这些蚕豆势必烂掉。怎样保存好这些蚕豆呢？戚将军思前想后，问这问那，最后决定把蚕豆炒熟，才不致浪费。在炒制过程中，为了使蚕豆均匀受热，他在锅里放上一些盐，没想到这些炒熟的蚕豆变得又松又脆，香而可口。戚将军将盐炒豆分给士兵和当地的百姓吃，大家吃了齐声夸好。父老们便向戚将军询问此豆的来历，戚将军便将杀敌、捡豆、炒制的过程一一说了。百姓们听了无不称颂。

以后，百姓们就学着戚将军的样子，慢慢把蚕豆洒水发胀，再放在锅里用盐拌着炒。经过不断改进，便炒出香脆可口的盐炒豆来。所以说三北盐炒豆是戚继光发明的。

余麟年　口述
滕占能　搜集整理

象贝母的来历

象贝,也称"浙贝""大贝",为中国四大贝母之一,因产于浙江象山而得名为"象贝母",简称象贝,是一种具有止咳、宁喘、祛痰、润肺功能的中药,清肺化痰,制酸止痛,解痈毒、肿痛。但你一定不知道关于"象贝母"来历的传说,今天我讲给你听。

早时候,海边山村里有一户人家,父亲下海时被海浪卷走,剩下母女俩相依为命。母亲因劳累过度,经常卧床,偶有冷风便会咳嗽不止。

一天,女儿正在海涂拾撮,忽然听有人喊海盗的船来了,女儿抬头一看,洋面近处有两艘船将要卧滩,一帮手持刀枪的人已经立在船帮上,只等船卧定滩涂,便会跳上岸来。海盗杀上岸来,抢掠烧杀、强暴妇女,无恶不作。女儿吓得拔腿便往家跑,收拾了一只包裹,背起母亲便不顾一切地往村后的山上逃。母亲劝女儿放下自己,让女儿独人逃命,或许能逃出一命,女儿执意不肯放下母亲。逃着逃着,母女俩便与村人逃散了。母亲又劝女儿放下自己,让她一人逃。女儿忍不住地说:"姆妈,是你生了我,又把我养大,女儿背着母亲逃,理所当然的事,我怎么可以丢下你呢。"

也不知逃出了多少路,母女俩仔细往山下听,已经听不到嘶叫惊恐的喊声。女儿便放下母亲,女儿说要弄点山泉水让母亲解解渴,于是便往一处寻找。不一会儿,听得女儿一声惊叫,接着一串石块杂物滚落的声音,母亲阵不祥之感,边叫喊着,边攀爬着向女儿走的方向寻去。不知爬了多少路,只见一挂从女儿衣上撕下的布缠挂在小树枝上,却不见女儿踪影,女儿摔下山崖了。母亲号啕大哭,连滚带爬来到崖下,发现了摔死的女儿,找了个地方将女儿葬了;母亲也在旁边搭了个草棚棚,不愿离女儿而去。

春天到了，从女儿坟头上长出一棵嫩绿的苗，不几日，开出黄色的花朵，结出雪白的圆圆果实，果实分内外两层，外层占五分有四方位，内层在外层包裹下仅露出五分之一位置，像是母亲保护着女儿，也像女儿背着母亲。母亲想到了女儿背着自己逃命的时刻，总觉得这果实是女儿的化身，多像是女儿背着母亲的化身，母亲便将这果实叫作"背母"，终日守着护着，常常对着它讲话。

有一天夜里，正睡中听到女儿的话声："姆妈，姆妈，我是你的囡啊，我活着没有尽多少的孝，你终年守着我，我知道，我无以回报了，这生长的果子是女儿赠你的一棵心意。姆妈，你咳时，你饿时，可以烧着这果子吃了，这样就不会饿着自己。"母亲忍不住说："囡，儿女是娘的心头肉，做娘的怎么舍得丢下你一个人独守荒凉……"说话间母亲一惊，醒了过来，已经泪流满面，才知是梦中情景。此后，母亲便烧着这果子吃了，吃了几次，她的咳嗽好了，眼睛都变得清亮起来，人也精神了。

后来，村人发现了独自住在山上的母亲，知道了"背母"，也知道了"背母"的作用，再因为"背母"外形也像一只洁白的贝，叫来叫去，传来传去，"背母"变成了"贝母"。因为它出产于象山，后人便称它为"象贝母"，简称它为"象贝"。

选自《中国民间故事丛书·宁波余姚卷》
余华达　搜集整理

盐的传说

在春秋时期,宁、绍一带都是越地,勾余群山的背面是一派汪洋大海,在海边也有一些泥涂和沙滩。

当时百姓吃的都是淡食,显然是淡而无味,那些当官的吃的是甜食,那是用蜜糖或果酱调制的,吃了不仅不易消化,而且容易得病。

那时慈北鸣鹤场村子里住着一个叫任贤得的渔民,他以捕捞泥涂海产为生,家里只有一个年近花甲的老母。母子相依为命,生活十分困苦。

一天,贤得到海涂上去拾泥螺,忽然看见一只长着金黄色的长尾巴、浑身毛色五彩缤纷的大鸟从北面飞来,停在一块凸起的土堆上,这只鸟正是人们所说的凤凰。他走上前去想看个仔细,可是凤凰飞走了。他望着凤凰停过的土墩,想起人们说过的一句话:凤凰不停无宝之地。那个土堆定是稀世的宝贝,于是他用力把土块顶上的一块泥土挖下来,再脱下身上的麻布衣服把这块泥土包好,特地走到会稽,把它献给越王,说这是凤凰停过的宝贝。越王一看是泥土,便生气地说:"一块普通的泥土,竟胡说是宝贝,明明是戏弄本大王。"于是,他命武士把贤得用乱棒打出。

过了几天,贤得又到海涂上去拾泥螺,他又看见这只凤凰又停在原来的土墩上。他想:这土块一定有宝。他并不灰心,就挖下一块更大的泥土,包在麻布衫里,扛回家里。贤得说:"我们越国这样穷,我一定要把宝贝献给国家。"母亲劝阻他不要去,可他坚持要去,便不再阻拦。当贤得再次向越王献宝时,越王一看又是一块泥土,这可把他气坏了。他怒气冲冲地说:"你把泥土当作宝贝,再次戏弄大王,有欺君之罪,罪不容诛!"便喝令武士把贤得押出,用乱刀砍死了。

贤得的母亲得知这个消息，非常悲痛。几个乡亲陪同她赶到会稽，但她已见不到儿子的尸体，只看到儿子用麻布衫抱着的一块泥土。为了怀念这个献宝而死的儿子，她叫乡亲们把这块泥土扛了回来，吊在锅台上。

一天贤得的母亲正在烧菜，忽然看见泥包"嗒嗒"地掉落几滴水来，刚巧落在菜里，不料这碗菜竟变得非常鲜入味。她便把菜分给邻居吃，大家吃了都连声称好。"可口极了，这是怎么烧的?"当乡亲们问后，贤母把卤水烧制成一种白色的晶体，作为调味珍藏着。因为它是贤得用生命换来的，就把它称作"贤"。后来写别了就成了"盐"。当越王吃到美味的盐时，他深深感到自己杀错了好人，便吃了三天淡食表示忏悔。越国人民有了盐作调味品，身体也强健了，力气也大了，终于团结一致打败了强敌吴国。

滕占能　搜集整理

义狄造酒醉禹王

人们都说酒是杜康发明的,"杜康"被作为酒的代名词,实际不是这样。杜康是晋代人,而酒在晋以前就有了。张飞饮酒赚严颜,项羽鸿门宴刘邦,纣王设酒池肉林,是大家熟知的事。那么酒究竟是谁最先造出来的呢?这还得从大禹治水说起。

一天,大禹吃说舜帝的家乡会稽一带发了大水,便带了众人到会稽来治水。他登上会稽山察看了水势,请来当地父老,详细询问了发大水的原因,制定了治水的办法。在大禹的带领下,民众们掘通了淤塞的舜江,疏通了其它支流,把大水引到海里,使被淹的禾苗返青,庄稼长势很旺。农夫们个个欢欣鼓舞,大家从心底里感激禹王。

一天傍晚,大禹收工回来正要吃饭,见路上走来一个名叫义狄的农夫。他手捧一只陶罐对禹王说:"大王,您连日来忙着帮我们治水,辛苦极了!我请您喝一些好东西,略表心意!"禹王正好口干舌燥,听说有好东西可以喝,便连声道谢。他揭开罐盖,闻到一阵扑鼻的香气,这是一罐乳白色的浆水,便喝了一口,觉得满口香甜,味道不错。于是他端起陶罐,把一罐白浆水全部喝下肚去。喝完只觉得浑身发热,满面通红,站着感到头重脚轻,踉踉跄跄。周围的人赶快上前扶住,让禹王在草地上坐下。禹王坐下后,竟慢慢合上双眼,身子倒在地上不动了。这时,禹王身边的人都嚷起来:"大王一定是被这个坏人毒死了!"一个将军勃然大怒,举起石斧喝道:"大胆歹徒,竟敢用毒汁谋害大王!我定要把你的脑袋劈开!"

义狄连忙跪地哀求:"将军息怒!小民怎敢毒害恩重如山的大王?我看大王一定是多喝了些小民的糯米浆水睡着了。"

一个医官说:"让我给大王诊断一下,究竟有没有中毒死亡?"他俯身在禹王身上听了又听，然后站起来说："大王没有死，他的呼吸很正常，就是心跳比平时快了一些。我看不像中毒，倒像是熟睡。我看还是把这个人暂时关押起来再说。"

将军和官员们认为医官说得有理，便命卫士把义狄扣了起来。医官命人将禹王抱进草棚，放在榻上，盖上兽皮……

第二天早上，禹王舒舒服服地伸了个懒腰醒来了。

守门的卫士大喜，跑到棚外，把好消息告诉医官和将军，医官和将军等连忙进去看望禹王。禹王问大家为何大惊小怪，医官便把昨天傍晚的事情经过讲了一遍。禹王忙说："快把献浆人请来，我有事问他。"

将军连忙亲自去给义狄松绑，并陪他来见禹王。

禹王请义狄坐下，赔礼说："农夫阿哥，你受委屈了！你献的白浆水真好吃！它不但味道香甜，吃了还让我美美地睡了一觉。现在我觉得全身的疲劳都去掉了，真是舒服极了！"接着禹王问义狄这是什么东西，是怎么做成的。

义狄说："大王，这浆水是我用糯米做成的，还不知道叫什么，请大王给它起个名字吧！"

禹王点了点头，想了想说："噢，你这浆水是昨天西时送来给我饮用的，西时的水，就叫它'酒'吧！"

"好，好！"义狄称赞道："这名字起得好！"

医官说："大王，昨天傍晚您喝了一罐酒倒在地上，有的人还当您归天了呢，这酒喝得多了，不省人事，应该说是'睡'还是'卒'呢？""睡与卒都不对，"禹王思索着说："西时喝酒，喝多了像卒，应该是'醉'。""大王说得有道理！"义狄忙说："以后喝酒可别喝得太多，酒喝多了就要'醉'的。"医官说："大王，您酒醉后，于今天日出时生还，应该是'醒'。"

"不错，不错！"禹王点了点头，"这'醒'这造得也有道理。"

禹王听了义狄介绍酿酒的经过，想到与自己一起治水的民众劳作辛苦，也该让大家尝尝酒的味道，便请义狄专门酿酒，义狄愉快地答应了。后来义狄造酒的方法传遍了华夏，所以古书上就有"义狄造酒醉禹王"的记载，这个故事也就一代一代地流传下来了。

黄山雷　口述
滕占能　搜集整理

后 记

为了响应党的号召,遵循习近平总书记"不忘初心,不断创新,建设社会主义文化强国"的教导,也为了继承传统,记住乡愁,不忘国耻,抢救即将消失的民间传说,填补民间文学某些方面的空白,教育下一代爱国爱家乡,我们两个七老八十岁的老作者发挥余热,不辞辛劳,搜集整理并正式出版《宁波风俗传说》一书,以飨读者。

经过几年艰辛的搜集整理工作,终于在2018年年中完成初稿,经过周静书、童银舫等同志的大力支持,本书有幸成为2018年度宁波市文艺重点创作项目,拨出专款予以支持。

在本书出版过程中,我们还得了企业界朋友红光电讯公司刘国远先生的无私资助,在此我们不胜感激,表示深切的谢意!

限于水平,本书难免有不妥之处,敬请读者批评指正。

滕占能　余华达

2018年7月